把好书化作自己的生命

李镇西 著

李镇西读书笔记选

BAHAOSHU HUAZUO ZIJI DE SHENGMING
Lizhenxi Dushu Bijixuan

大夏书系 — 阅读教育

华东师范大学出版社
·上海·

目　录

阅读，让心灵自由自在地飞翔（代序）　　　　　　　　　　001

第一辑

教育的情调从何而来？
　　——读马克斯·范梅南、李树英《教育的情调》　　　003

"我们如何为人，也就如何教学"
　　——读帕克·帕尔默《教学勇气：漫步教师心灵（20周年纪念版）》　　　009

"带着批判的视角来审视芬兰教育"
　　——读文德《破解神话——还原真实的芬兰教育》　　　016

"儿童是成人之父"
　　——读蒙台梭利《童年的秘密》　　　019

"让学校适应学生，而不是让学生适应学校"
　　——读尼尔《夏山学校》　　　023

"请把教育权留给我们自己！"
　　——读尼尔《尼尔！尼尔！橘子皮！》　　　028

"一个尺寸适合一个人"
——读维克托·迈尔－舍恩伯格《与大数据同行——学习和教育的未来》 034

父母对孩子的人格发展究竟有没有影响？
——读朱迪斯·哈里斯《教养的迷思》的细思碎想 037

第二辑

新教育实验的"路线图"
——读朱永新《新教育实验：为中国教育探路》 051

"让他们真正地成为更好的自己"
——读朱永新《教育：创造无限可能》 054

中国教育依然需要"面向世界"
——读黄全愈"素质教育在美国"系列丛书 058

告诉你一个更加立体的苏霍姆林斯基
——读吴盘生《追寻的脚步——结缘苏霍姆林斯基教育思想》 066

假如杨贵妃今天想吃鲜荔枝
——读檀传宝《你不全知道的劳动世界》 072

"各行各业天天都在大浪淘沙，凭什么教育领域就例外呢？"
——读汤敏《慕课革命——互联网如何变革教育》 076

"人们往往不容易轻信小谎言，却很容易相信大谎言"
——读魏忠《智能时代的教育智慧》 080

让哲学思考成为每一位教师的自觉
——读冉乃彦《中小学教师如何用哲学》 083

第三辑

"诗和远方"就这样变成了"眼前的苟且"
——读严歌苓《芳华》　　　　　　　　　　　　　　089

凝练而含蓄，幽默而有爆发力
——读严歌苓《金陵十三钗》　　　　　　　　　　092

"花开了，就像花睡醒了似的"
——读萧红《呼兰河传》　　　　　　　　　　　　097

"本色见才华，我钦新凤霞"
——读新凤霞《美在天真——新凤霞自述》　　　　103

愿谷建芬老师的"新学堂歌"响遍中国校园
——读谷建芬《新学堂歌》　　　　　　　　　　　106

第四辑

"为了和平，收藏战争！"
——读樊建川《一个人的抗战——樊建川抗战文物收藏札记》等著作　　115

和老一辈大师相比，我们连学者都谈不上
——读李辉新作《先生们》　　　　　　　　　　　120

"一本回忆录是一片昨天的云"
——读"王鼎钧回忆录四部曲"　　　　　　　　　130

最大的悲剧，是没防住自己
——读端木赐香《真假袁世凯辨别》　　　　　　　137

改革开放的先声
——读陈侃章《冬季里的春闱——1977年恢复高考纪实》有感　　143

"一场锻造新一代的运动"
　　——读潘鸣啸《失落的一代——中国的上山下乡运动·1968~1980》　　149

第五辑

"历史之谜的解答"
　　——读马克思《1844年经济学哲学手稿》　　157

"问题在于改变世界"
　　——读恩格斯《路德维希·费尔巴哈和德国古典哲学的终结》　　167

"共产党人不屑于隐瞒自己的观点和意图"
　　——读马克思、恩格斯《共产党宣言》　　174

"解放"即"自由"：马克思错了吗？
　　——读杨适《人的解放——重读马克思》　　181

"批判正是科学的生命"
　　——读波普尔　　193

"要创造有利于进步的条件，而不是去'计划进步'"
　　——再读哈耶克《通往奴役之路》　　199

第六辑

原来丹麦不仅仅有安徒生
　　——《教育的100种语言》序　　205

精心加工每一份"草稿"
　　——《教育的100种可能》序　　208

用一生的时间去寻找那个让自己惊讶的"我"
　　——《自己培养自己》序　　217

"掏出心来"
——《教师的解放与超越》序 　　222

把爱好与职业融为一体的人是幸福的
——胡艳戏曲绘本《浣花笺》序 　　224

致敬我们时代的新教育英雄
——《教育的幸福——我与新教育20年》序 　　227

把种子交给岁月
——《智慧教育　幸福武侯》序 　　231

用教育编织生命的故事
——《故事里的教育智慧》序 　　233

后　记 　　237

阅读，让心灵自由自在地飞翔（代序）

一

阅读是件非常个性化的事。读什么书，怎么读，这都和阅读者的兴趣、性格、气质、环境、经历、职业等因素有很大的关系，总之是因人而异，没有什么"公式"可套的。但不同的人之间，交流各自的读书心得，互相启发，彼此参考，还是不无意义的。

还是要先说说那个老话题："读书有什么用？"我的答案很简单：因为我们是"人"。本来，如果仅仅从生物学意义上看，我们如果不阅读，一点都不妨碍甚至危害自然生命的成长——千百年来，那么多目不识丁的文盲也活了一辈子，有的还很长寿呢！但是，我们又绝不仅仅是"生物学意义"上的生命体，人之为人在于"精神"，而通过阅读，我们可以尽可能完整而完美地建构无愧于作为一个"人"所应有的精神世界。

正如培根所说："读史使人明智，读诗使人灵秀，读散文使人宁静，读小说使人认识社会和人生，博物使人深沉，伦理使人庄重，逻辑与修辞使人善辩。"茫茫宇宙，匆匆人生，"我是谁？""我从哪儿来？""我要到哪儿去？"——真正的人才能对自己的生命有这样的追问，于是，就需要我们徜徉于人类精神文明的长廊，在触摸历史的同时憧憬未来，在叩问心灵的同时感悟世界。

我特别赞成已故学者朱小蔓教授对阅读意义的看法。她认为，读书是

"有助于人的精神成长的积极的情感。我常常想，人若没有这五彩缤纷、波澜起伏的情感体验，生命是那样干枯，生活是那样暗淡，而有着这些情感充盈的生命和生活是那样让人感到满足、享受和向往"。她进而呼唤："让读书支撑我们的生命！"

二

所谓"支撑我们的生命"，就是阅读的意义。但是具体到一本书，我们又很难说"有用"还是"没用"。有些看起来"没用的书"其实对人生有"大用"，比如说《论语》《孟子》；而某些似乎很"实用"的书其实时过境迁之后"一点用都没有了"，比如说《2000年高考复习指导》。

说到阅读的"功用"，又涉及所读书籍的分类。不同的人肯定会有不同的分类法；我呢，根据自己的经历将所阅读的书大体上分为三类：人生的、教育的、教学的。这三类书对我的价值分别是：宏观层面认识人生、历史和我们的世界；中观层面认识我所从事的职业；微观层面认识并指导我每一堂课的教学。

我这个分类，刚好和网上的一个教师阅读分类有些吻合——教师应该读20%的人文科学类的书，读30%的教育学心理学及职业知识类的书，读50%的本体性知识的书（即与所教学科本身相关的书）。这个分法也是三类，大体相当于我说的"人生的""教育的""教学的"三类书。但我认为，不同的人，三者的比例完全可以不一样。比如对我来说，人生类的书倒占了50%，教育类的书占了30%，而教学类的书只占了20%。我这样分配阅读比例，是基于我的一个理念：站在人生的高度看教育，站在教育的角度看教学。

在我看来，阅读究竟有没有用，取决于阅读者是否把好书化作了自己的生命。这里所说的"化作自己的生命"，不是用别人的思想取代自己的思想，所谓"让自己的大脑成为别人思想的跑马场"，而是经过吸收消化后有机地融入并内化为自己的东西。那么，好书怎么才能"化作自己的生命"？我的体会是，关键是要"读出自己"，或"读出问题"。所谓"读出自己"，就是从书中读出相似的思想、情感、熟悉的生活、时代等，这是共鸣、欣赏、审美，就是"把自己摆进去"；所谓"读出问题"，就是要读出不明白的地方、不同意的观点等，这是质疑、研究、批判，就是"与作者对话"。

回忆我自己的阅读，每当我感到心潮起伏的时候，往往不外乎两个原因：要么是从作品中读出了"自己"，要么是从作品中读出了"问题"。前者如我曾经读过的《把整个心灵献给孩子》，我由苏霍姆林斯基所描述的充满诗意的教育故事以及他所揭示的教育那纯真、纯正、纯净的人性之美，想到自己每一天平凡而同样美丽的教育实践，进而心潮起伏，难以自已；后者如我拜读的《"教育学视界"辨析》，陈桂生教授对许多人们习以为常的教育"常识""公理"进行质疑，敲打着我的心房，使我对作者所质疑的以及其他一些教育"常识"也投去质疑的目光，以至于放下该书后，我那被作者点燃的思想火把还在继续燃烧。这种伴随着感情流淌或思想飞扬的阅读，才是真正深入心灵的阅读。

有的阅读，也许只能"读出自己"，或"读出问题"，而有的阅读，则二者兼有。下面我以自己的阅读经历为例来谈谈。

三

人生类的书很广很杂，哲学的，宗教的，政治的，经济的，历史的，文学的，美学的……这些书对于我了解历史、认识世界、形成三观有着潜移默化而又十分重要的作用。

我"文革"期间读中小学，那个年代除了"老三篇"等毛著，基本上（我说的是"基本上"）无书可读，但我生长在教师之家，不但我的父母，而且我隔壁的叔叔阿姨都是老师，所以我可以通过各种方式找到书读，如《红岩》《创业史》《林海雪原》《草原烽火》《苦菜花》《欧阳海之歌》以及关于"孔孟之道"的书。后来毛泽东又号召全国人民"认真看书学习，弄通马克思主义"，提倡"读点鲁迅"，于是，从《共产党宣言》《国家与革命》《哥达纲领批判》《无产阶级革命和叛徒考茨基》……到国际共运的读物,还有鲁迅的书,都成了我高中和下乡期间的精神食粮。

这些书的内容涉及政治、哲学、经济、历史等领域。虽然今天看来我读的书依然有限,但在当时毕竟让我的精神世界不那么苍白。少年的我读《红岩》,自然会把自己想成是江姐和许云峰,情不自禁问自己:如果我也在那个环境中,能受得了吗?答案往往是否定的,我因此对红岩先烈敬佩不已。这是很肤浅地"把自己摆进去",确实是一种"读出自己"。后来读孔孟,读马列,读鲁迅,很多时候"读不懂",但经过思考推敲,特别是和周围人进行探讨,我有了跨越历史和国度的思考与联想:如果我生活在孔子时代会怎么样?如果我生活在19世纪的德国,会不会也是"第一国际"或"第二国际"的成员,成为马克思、恩格斯、李卜克内西和罗莎·卢森堡的战友?随着时间的推移和时代的变迁,这些书所浸透的阶级意识、政治信仰、思想观点等,可能会渐渐在我心中蒸发,但通过文学形象所传递并最终过滤结晶的精神内核——正义、理想、气节、忠诚、刚毅、激情……则融入了我的血液,化作了我一生坚贞的信念。这种信念,使我将我的教育视为实现我社会理想的途径。这就是对人生"有用"。

后来参加工作了,几十年来,我读了更多的人文历史方面的书,《史记》《通往奴役之路》《哈维尔文集》《顾准文集》及"近距离看美国"系列等,我同样通过"读出自己""读出问题"纵横交错地审视历史和今天。这样我的精神世界逐渐饱满起来,关键是,看待人,看待历史,看待不同的文化和制度,就多了一些哲学的眼光、历史的眼光、经济的眼光。这种"眼光",就是我的灵魂。我就不容易被人蒙,不容易上当受骗。我还想说明的一点是,人生类的读物,不一定都是鸿篇巨制,也可以是一些篇幅短小的经典。比如,最近几十年我经常给学生全文朗诵的短篇小说《一碗清汤荞麦面》,如果真的引导学生"读出自己",文章所蕴含的善良与坚强,自然会融入孩子们的心灵,化作他们的血肉。

如此斑驳的阅读,对自己的教育有什么具体的意义或者对我的课堂设计有什么直接的作用,也许都谈不上;但这些阅读让我的思想一下子丰富起来，视野也变得开阔起来，或者说看这个世界，看周围的人，多了一双眼睛。正如我曾在一篇文章中所说："这些著作的观点我不一定都能理解，或者即使理解了也不一定都赞同，但这些著作不仅开阔了我的思想视野，更主要的是，它们让我越来越明确地意识到自己的身份：'我是一名知识分子！'从那时候，我就提醒自己，尽管我也许一辈子都只是一名普通的语文教师，但这不妨碍我在三尺讲台上通过语文教育传播人类文化精华，以行使一个知识分子推动社会进步的神圣使命。"

四

教育类的书相对比较专业，这是一种带有职业色彩的阅读，因为我从事的是教育。但我这里指的绝不只是教育学、心理学的教科书（当然也包括），更指教育史专著和教育大师的名著。

这同样是一个琳琅满目的世界：《中国教育思想史》《中国教育哲学史》《西方教育思想史》，中国古代的《论语》《大学》《中庸》《学记》等，还有国外夸美纽斯的《大教学论》，爱尔维修的《论人的理智能力和教育》，康德的《论教育》，卢梭的《爱弥儿》，约翰·洛克的《教育漫话》，赫尔巴特的《普通教育学》，福禄贝尔的《人的教育》，第斯多惠的《德国教师培养指南》，斯宾塞的《教育论》，爱伦·凯的《儿童的世纪》，布鲁纳的《教育过程》，雅斯贝尔斯的《什么是教育》，阿莫纳什维利的《学校无分数教育三部曲》……说实话，读这些书并不那么轻松，但我几乎在读每本书的时候，都能情不自禁地"把自己摆进去"，或共鸣，或质疑，以这种方式与作者对话。

比如爱伦·凯提倡使儿童接触真正的生活，在各种方面遇到人生之真经验；儿童不仅需要了解蔷薇，还需要了解蔷薇上的刺。这个观点很容易让我联想到中国长期以来学校与社会脱节的"纯而又纯"的"玫瑰色教育"。又如，雅斯贝尔斯认为，教育与训练不同，训练是一种心灵隔离的活动，教育则是人与人精神相契合、文化得以传递的活动。教育也不同于控制，控制以被控制者个性泯灭为代价，而人与人通过教育而平等交往就是驱逐愚昧和塑造人格的最有利形式。人与人的交往应是"我"与"你"的关系,而这是人类历史文化的核心。他还认为,教育过程首先是一个精神成长的过程,然后才成为科学获知过程的一部分。我由此想到我多年前写过的一句话:"教育,只有从学科转向了心灵,才是真正的教育。"似乎是一个意思,但我不如雅斯贝尔斯说得好,他的论述丰满了我的认识,成了我的"血肉"。这种和作者的隔空对话,真的美妙极了。

更不用说读苏霍姆林斯基和陶行知了,那更是一种愉悦至极的精神之旅。苏霍姆林斯基在《帕夫雷什中学》中写道:"少年们夏天想进行'水上旅行',可是我们没有船,于是我从新学年一开始就攒钱,到了春天,我就从渔民那里买来了两条船,家长们又买了一条船,于是我们的小船队便出航了。可能有人会想,作者想借这些事来炫耀自己特别关心孩子。不对,买船是出于我想给孩子们带来欢乐,而孩子们的欢乐,对于我就是最大的幸福。"

读到这里,工作才两年的年轻的我,忍不住热泪盈眶,因为我想到我曾与学生站在黄果树瀑布下面,让飞花溅玉的瀑水把我们浑身浇透;我曾与学生穿着铁钉鞋,冒着风雪手挽手登上冰雪世界峨眉之巅;我曾与学生在风雨中经过八个小时的攀登,饥寒交迫地进入瓦屋山原始森林……每一次,我和学生都油然而生风雨同舟、相依为命之情,同时又感到无比幸福。这种幸福不只是我赐予学生的,也不单是学生奉献给我的,它是我们共同创造、平等分享的。苏霍姆林斯基写的就是我啊!

《陶行知教育文选》中有这样的话:"有人误会以为我们要在这里造就一些人出来升官发财,跨在他人之上。这是不对的。我们的孩子都从老百姓中来,他们还是要回到老百姓中去,以他们所学的东西贡献给老百姓。"我一下想到了今天中国许多的"贵族学校",所谓"吃得苦中苦,方为人上人"至今还是一些教师和家长对孩子的教育。先生还说:"民主教育是教人做主人,做自己的主人,做国家的主人,做世界的主人。……今日的学生,就是将来的公民。将来所需要的公民,即今天所应当养成的学生。"先生简直就是对着今天的中国教育说的。捧读两位大师的著作,读着读着就感觉自己走进了书中，或者作者走出了著作，就在我身边对我亲切地叮咛。当我感到苏霍姆林斯基说的就是中国，而陶行知说的就是当代时，我真正是读出了"自己"，也读出了今天的中国。

五

教学类的书指的是和我所教学科相关的书，比如有关学科知识、学科教法和学科文化方面的著作。这些书，直接指向我的课堂，因而也是我的必读书，尤其是刚参加工作那几年。

这些书包括教参、教辅、教学法方面的书，以及有关听、说、读、写、语、修、逻、文方面的资料性读物，甚至诸如《红楼梦鉴赏辞典》之类的工具书。对我来说，读得更多的是著名语文专家的著作和著名特级教师教育思想、教学案例方面的书。

我感受最深、对我影响最大的还是叶圣陶先生的教育思想。《叶圣陶语文教育论集》上下两册，我是读了又读，几乎翻烂。读他的书，我首先读到的是他那高尚的人格和挚爱孩子的心。他的语言朴实而寓意深远，没有一点"教育家"的面孔和"理论家"的学究气，读着先生的文章就像是在听一位慈爱长者的谈话。正是这位慈爱的长者告诉我，应从"人"（人的心灵、情感、道德、个性及其发展）的高度对待每一堂课，而教育者本身就应该是"大写的人"；应该从社会空间以及时代发展的大背景中把握教育的脉搏，因而教育者还须是博识多才的学者和胸襟开阔的思想者。

《中国著名特级教师教学思想录·中学语文卷》和《当代中国语文教育改革名家评介》也曾是我的案头必备，一有空便翻开品读。于是，于漪、钱梦龙、宁鸿彬、欧阳代娜、洪镇涛、陈日亮、蔡澄清等先生便来到我身边。读他们的书，我更是以"读出自己，读出问题"的心态，让心灵燃烧，让思想飞翔：如果我也上这堂课，我会怎样上？为什么这里会这样处理？如果不这样上，会怎样？还有没有比这更好的上法？这些思考，就是大师的思想化作自己灵魂的过程。

比如，于漪老师曾有一个课堂教学细节：

她讲《木兰辞》时，有学生问她："木兰每天行军打仗，为什么她的战友没有发现她是小脚呢？"于漪老师回答："木兰那个时代的女人还没有裹足缠脚。"学生追问："那中国是从什么时候开始要求女性裹足缠脚的呢？"这把于漪老师问住了，但她坦然回答："我不知道，但我下课后一定会去查询。"后来于老师果真就去研究，最后给了学生满意的答复。

这个细节对我影响很大，所谓"影响"不是说我遇到类似的提问也说"我不知道，但我可以查"，而是作为一个教师，如何面对学生超出我们知识储备的提问。这种真诚坦然的态度，这种承认自己不足但愿意虚心学习的精神，正是对学生的教育与感染。以后在我课堂上也出现过类似的情况，我都以这种态度对待。这就是把于漪老师的思想化作了自己的血肉。

我不反对读具体课文教法的参考书，特别是年轻老师可以读，但读这些参考资料最忌讳依赖。特别是和教材配套的"教师用书"里，连每一道作业题的答案都写出来了。如果长期依赖它，教师会养成不动脑子研究的习惯，这样专业素养必然退化。所以正确的态度是，既要参考，又不能被这些资料牵着鼻子走。怎么才能做到这样呢？我的做法是，备同一篇课文时看不同的资料，了解不同的观点，然后自己作比较和判断。这最能锻炼教师的思考研究能力。我长期订阅《中学语文教学》《中学语文教学参考》《语文教学通讯》和《语文学习》，每期杂志到了，我都要做资料索引。这样，无论我备哪篇课文，所有有关这篇课文的资料便汇聚于我的眼前，供我研判，最后通过比较研究这些参考资料所得到的观点，便是自己的灵魂。

多年前，我在一篇文章中谈到引导学生阅读时，这样写道："引导学生在课文中读出'自己'，读出'问题'，就是让学生与作品在精神上融为一体。"那么作为教师，我们的阅读同样应该是让自己"与作品在精神上融为一体"。唯有这样，我们的阅读才真正走进了作者的心灵，也让作者的思想情感化作了我们的灵魂。因为"从来就没有人读书，只有人在书中读自己，发现自己或检查自己"（罗曼·罗兰）。

第一辑

教育的情调从何而来？

——读马克斯·范梅南、李树英《教育的情调》

一个自尊心很强的小女孩拿到分数很差的小测验试卷，悄悄把一个错误答案擦了，填上正确答案，然后去找老师改分数。老师看穿了女孩的心思，但没有点破，而是在她的试卷上加上分数，还说："哦，也许是我错了，有错就改嘛！"还加了一句话："人就该诚实，对吗？"意味深长的话让孩子不安了好一阵子，最后小姑娘向老师坦白了自己的错误。

这是马克斯·范梅南和李树英合著的《教育的情调》中的一个案例，作者以此来说明什么叫"教育机智"。明明洞察了孩子的内心，却假装什么都不知道地满足孩子并不光彩的要求，而"不经意"的一句话，却让孩子羞愧万分，最后主动认错。这就是教育机智。

我想，可能有更多的读者会质疑："这样做，对这个孩子倒是很'尊重'，可是对其他孩子来说，公平吗？而且，如果遇到一个脸皮厚的孩子，加了分却未必会向老师认错，不脸红反而得意洋洋，这样做真的恰当吗？"

应该说这个质疑是对的。作者预见到会有人提出这个问题，继续写道——

下一次，遇到了类似的情况，你仍然这样处理就不一定有效果。也许你下一次遇到的是一位天生调皮的男孩，自尊心也不似这位女孩那样强，这样的软处理可能就没有效果。或许你下一次的考试，不是一个小小的单元测试，而是一个决定所有升学者的命运和前途的考试，"随意地"加分就严重违背了教育的公平。这样看来，好老师的智慧行动有时候也是有风险的，但一位好的老师会愿意为了孩子冒险。

按我的理解，所谓"冒险"，就是根据不同学生、不同事件、不同情境、不同时间、不同地点……找到"唯一"的方法、举措、策略、技巧。这种绝不雷同、无法复制的充满分寸感的做法，就是"教育智慧"。

多年来，有太多的老师向我"请教"处理各种难题的"绝招"，这种难题五花八门：学生老迟到怎么办？总是不做作业怎么办？上课不专心怎么办？课堂上不爱发言怎么办？做事拖拉怎么办？考试作弊怎么办？厌学怎么办？"早恋"怎么办？迷恋电子游戏怎么办？面对后进生怎么办？……他们总是希望从我这里找到"一针见效"的"灵丹妙药"。

面对这些真诚的请教，我也只能同样真诚地回答："我没办法。"

不是我敷衍老师们，而是几十年的教育实践告诉我，我不可能用自己的某种方法而攻克所有的教育难题，因为教育从来就没有"万能钥匙"。越是具体的教育难题，其破解的方法越具有"唯一性"，因而是无法复制的。甚至同一老师，也不可能用一种方法"一劳永逸"地解决自己遇到的所有难题。

我这些认识，只是基于对自己实践的朴素体会，但现在我找到"高大上"的理论依据了。当代教育学的重要代表人物、加拿大阿尔伯塔大学教育学教授马克斯·范梅南和澳门城市大学李树英教授合著的《教育的情调》这样"力挺"我——

教育学是一门复杂而细腻的学问。教育学指向的是一种能积极地分辨出对成长中的孩子而言什么合适、什么不合适的能力。我们很难说这里存在着一些具体的规定或一般性的原则。

培养和提高一个人的教育敏感性和教育机智就是在迎接这样一种挑战——针对不同的个体实施不同的教育行动。智慧的教育者形成了一种对独特性的独特关注，他们关注孩子的独特性、情境的独特性和个人生活的独特性。

　　世间没有两个一模一样的孩子，孩子们也不可能用完全相同的方式去体验相同的情境。……没有一条明确的规则可以确保我们获得恰当的教育敏感性和机智。

　　这些话可以说句句击中了我，因为它们让我联想到自己所遇到的一个个教育难题。我相信也会击中每一位真诚的教育者，因为《教育的情调》围绕这些话题所描述的一个个教育案例，会让读者想到自己的教育故事。

　　是的，《教育的情调》其实并不"高大上"，因为作者没想过要用"学术"来"构建"自己的"理论大厦"而吓唬人，让一线教师望而生畏。相反，作者用一个又一个仿佛发生在我们身边的教育小故事，来表达其对教育智慧的理解，这显示了他们的"接地气"；但他们又不是简单地罗列琐碎的现象或肤浅地讲故事，而是适时要言不烦地揭示出一些现象所蕴含的教育理念，这显示了他们的睿智和深刻。娓娓道来，夹叙夹议，侃侃而谈，有滋有味。

　　这是一本专门谈"教育智慧"的书——读到这里，我估计有的读者可能迫不及待了，因为太多教师想拥有"智慧"。在这浮躁的时代，中国的许多教育者太渴望教育的"技巧""捷径""绝招""操作性""立竿见影"……但是，恕我直言，如果以这种期待读《教育的情调》，注定会失望。因为教育智慧，是一种因人、因地、因时、因事而异的判断、比较、权衡和抉择，甚至是一种基于"此时此景"或"彼时彼景"的瞬间的即兴发挥。正如作者所说："学校生活、课堂生活中会有很多偶发、突发事件，面对这样的事件，机智的老师似乎即刻就能做出在那一刻对孩子较恰当的行为，这就是我们所说的教育机智。教育机智是潜在的、隐性的，是一种融入身体的'体知'。"所以，《教育的情调》怎么可能给读者提供源源不断的统一的"锦囊妙计"？如果谁声称他有这样的"立竿见影""包治百病"的"妙计"，那他肯定是骗子。

　　作者不可能也没有打算给读者具体的"智慧"。在他们看来，"教育的智慧不是技巧，是不可以被'培训'出来的"。但这并非意味着，教育智慧是玄乎神秘得不可捉摸的虚幻物；不，教育智慧是可以体现于教师每一个教育细节之中，一颦一笑、举手投足都可能展示出教育者真正的智慧。作者明确指出，教育的智慧虽然不可以被技术化地培训，却可以被唤醒，它需要一种反思的能力，需要我们关注教育生活的体验，不断去质疑自己的立场。

所以，《教育的情调》其实通篇都在告诉我们如何获得"教育的智慧"——它在"唤醒"教师们形成自己的教育智慧。作者给我们指出了唤醒教育智慧应该关注的领域："了解孩子充满可能性的世界""孩子好奇的体验""从教育学的角度看孩子""每个孩子都需要被'看到'""表扬和肯定的重要性""课堂教学中的教育学面面观""纪律的教育学意义""孩子对秘密的体验""气氛的作用"……在作者看来，和"教育智慧"相关的因素是"反思""体验""敏感性""独特性""人文情怀""儿童立场"等。

记得很多年前，我曾撰文指出，教育不是"科学"而是"人文"。我这个表述得朦朦胧胧并不太准确但意思鲜明的心得（我不敢说这是我的"观点"），受到不少教育专家的批评。今天，我在这本书里读到了对我的"支持"——

教育学本质上既不是一门科学也不是一门技术。然而，研究者通常以一种实证的"科学"的方式处理和研究它。

我们需要不断提醒自己，教育是一种与人相处的学问，一种成年人与孩子相处的学问，所以从这个意义上说，教育的智慧和敏感性比教育的技术性更加重要。

长期以来，教育学研究的理论化、抽象化、概念化，使得人们失去了对孩子鲜活生活世界及生活体验的敏感性，使人们看到的仅仅是抽象的"教育物件"，而非"具体的孩子"。

书中写了一位心理医生面对孩子丹尼的哭泣，面无表情，"客观""冷静"地记录孩子哭泣的时间和强度。作者评价道："那位心理医生沉浸于关于儿童成长的研究文献中，熟练地运用诊断工具，精确地写出科学报告——一位彻头彻尾的临床医生。他诊断过数以百计的孩子。但是，他似乎对小丹尼此时此地的体验一点也不敏感、不在意。……这位专业人士拥有很多的临床'知识',但是却缺乏'敏感性'——一种周全的、充分体贴他人的思想。这样的思想是一种特殊的知识。"

作者大声疾呼:"教育的对象不是容器,而是教育的主体,是一个个鲜活的生命体。"而且,每一个"生命体"都不是格式化地整齐划一,因为——"每一个孩子都具有独特性"。

中文版《教育的情调》加上序言和后记仅仅185页,却是一部厚重的大书,因为它蕴含着人的生命,辐射着人的温度,散发着人的气息,激荡着人的情感,燃烧着人的思想。

杜威说过:"我们并不去强调不需要强调的东西——这就是说,有些东西已经很受重视,就无须强调。……在一定的时期或一定的时代,在有意识的规划中,我们往往只强调实际上最缺乏的东西。"无论我说"教育不是科学",还是马克斯·范梅南说"教育学不是科学",都没有否认"科学"作为一种手段或方法论对于教育的意义,但在今天科学主义盛行以至吞噬着教育的人文属性的时候,听听《教育的情调》的批评不是没有意义的——

受科学主义的影响,教师教育中我们过多关注技术层面的培训,专注于研究如何把书本内容更有计划、更高效地灌输给孩子;教育研究则往往使用量化的方法,要求研究者置身事外,多用抽象理论的演绎和量化资料的描述代替对鲜活体验的关注,试图如自然科学那样追寻客观真理和普遍规律。因此,我们在教育和教育研究中看到的只是"抽象的人"和"客观的事件"。

它呼吁教育者——

首先是还教育以本来面目,彰显教育中的人文关怀,体现其浓郁的人文色彩——关注具体的人,关注具体的人在具体情境中鲜活的生活体验,即关注人的独特性。

的确,教育关注更多的不是因果,不是规律,不是物性,而是价值,是精神,是人性。教育学研究的教育现象,不是精确的而是模糊的。在教育实践中,教育者和被教育者的关系不是人与物的关系,而是人与人的关系——

准确地说，教育者和被教育者已经融为一个整体。

教育智慧不是为了"摆平""搞定"班级的手段，不是为了"收拾""制服"学生的"兵法"。只有站在教育人性的高度看教育智慧，我们才能获得真正的大智慧——拥有这样的大智慧，我们的教育才会有真正的"情调"。

这是我读《教育的情调》受到的启迪，也是我郑重向我的教育同行们推荐这本书的原因。

2019年8月31日下午于厦门至瑞金的动车上

"我们如何为人,也就如何教学"

——读帕克·帕尔默《教学勇气:漫步教师心灵(20周年纪念版)》

十多年前,《教学勇气:漫步教师心灵》刚一出版我就读了。最近,华东师大出版社给我寄来了新译本《教学勇气:漫步教师心灵(20周年纪念版)》,是由方彤翻译的。译文流畅而优美,相当不错。

书名便揭示了作者对教学的理解:真正的教学勇气源于教师的心灵。全书除了导言,分为七章:"教师的心灵:教学中的自我认同和自我完善""恐惧的文化:教育与分离的生活""潜藏的整体:教与学的悖论""求知于共同体:引人入胜的伟大事物""教学于共同体:以主体为中心的教育""学习于共同体:同事之间的切磋与琢磨""不再分离:心怀希望的教学"。

在人们过度关注教学技术和技巧的时候,作者提醒大家,比技术和技巧更重要的是教师的精神世界和充满智慧的学习环境(学习共同体)。他认为,一切好的教学,都源自心灵:"本书的所有理论都基于一个简单的逻辑前提:好的教学不能降低到技术层面,好的教学来自教师的自我认同与自我完善。"

他认为,完美的教育取决于教师是否构成自我的内心景观:"要描绘出这份内心景观的全景图,必须通过三个重要的途径——理智的、情感的、精神的——三者不可偏废。把教学简化为纯理智的,它就充满了冷若冰霜的抽象概念;把教学简缩为纯情感的,它就弥漫着孤芳自赏的自恋气氛;把教学概括为纯精神的,它就丧失了系牢现实之舟的抛锚之地。理智、情感和精神之间相互依存，构成不分彼此的整体，三者本应相得益彰地交织于人的自我之中，结合于教学之中，因此我在本书中也努力阐明它们之间如何形成水乳交融般的相互关系。"

这就是作者所说的教师应有的心灵世界。拥有这种"内心景观全景图"的教师，就是好教师，因而才会有好的教学。

作者甚至以虔诚的信徒的口吻说："好的教学来自好人。"

重读新译本《教学勇气》，是一种原作思想和译文语言的双重享受。

我的心随着译者行云流水的文字而行云流水般翱翔于作者帕尔默的精神世界，倾听他美妙而深刻的教育见地，同时也和他进行心灵的对话——

【帕】教学——如同任何真实的人类活动——无论好坏都来自内心深处。

【李】从某种意义上说，教师即教育的全部。教师本人的人格、学识、视野、情感、智慧……无一不投射在其每一堂课、每一次谈话甚至面对学生的一颦一笑之中。

【帕】学前班教师通常比那些有博士头衔的人更能心领神会地把握教学技巧，或许正因为"最低"年级的学生，恰如童话《皇帝的新装》中的幼童，他们不会在意你上的是哪一所研究生院，你的论文答辩委员会主席是何许人，更不会在乎你写出了多少部专著，但却能一眼看出你是否真实，还能一口道破实情。天真无邪的幼童就能辨别真伪，这一事实更加增强了我的信念：无论在哪一个教育层次，教师的自我状态都是关键。

【李】这是以儿童的眼光看教育。面对孩子，我们有时候更多呈现的却是成人的"荣誉""头衔""光环"，而这些往往会遮蔽我们本来有的"儿童的眼睛"，妨碍我们以纯净的教育和儿童的眼光去打量教育。当我们忘记我们的"学位""职称""著作""奖项"时，可能我们便真正接近儿童，也接近教育了。因为"鸟翼系上黄金，就再也飞不起来了"（泰戈尔）。

【帕】每次上课都应是我和学生面对面地进行一场古时称为"教育"的

那种教学相长的交流。要做如此的交流，既不能撇开教学技巧，也不能仅凭教学技巧。

【李】教育是情感的相融，课堂是智慧的互动。知识的传播离不开技巧，而心灵的拥抱则不能仅仅有技巧。

【帕】差教师在教学中先是疏远了自己的执教学科，继而疏远了自己的学生，而好的教师则在教学中将自我、学科与学生融为一体。

【李】是的，"在教学中将自我、学科与学生融为一体"的教师，是好教师。但三者融为一体的标志是什么？我认为，就是学科已经人格化为教师，而教师在教学中忘掉了自己。

【帕】优秀教师是能将人、事、物连成一片的编织能手，他们将自己、学生、学科编织成相互联系的网络，学生从这网络中也可以学会如何编织出属于自己的一片天地。……优秀教师能够形成的广泛联系不在于他们的方法，而在于他们的心灵——心灵在此取古时的含义，是人类自身中智能、情感、精神和意志的汇聚之处。

【李】教育发生于"网络"中，发展于"关系"中。这种"网络"和"关系"就是作者所说的"求真共同体"。而编织网络和建立关系靠的不完全是或主要不是外在的手段和技巧，而在于聚集智能、情感、精神和意志的心灵。所以苏霍姆林斯基说："教育，这首先是人学。"我说："教育是心灵的艺术"。

【帕】教学勇气就是教师在面对强人所难的苛求时仍能尽心尽力地坚持教学的勇气，凭着这股勇气，教师、学生、学科才可能被编织到学习和生活所需要的共同体结构之中。

【李】这里，作者正式解释他所说的"教学勇气"是什么。我理解其中有两个关键要素：面对苛求时的"坚持"，对教师、学生、学科的"编织"。

因为坚持，因为编织，学习和生活的"共同体"诞生了。

【帕】倘若我们不再互相推销各自的教学招数，而是探讨如何当一位"教如其人"的教师，或许就会发生一件非同小可的美事：在关于如何教学的争辩中，我们再也不会顽固不化地死守各自教学门派的阵营，而是从心中滋生对自我认同和自我完善的追求。

【李】我们现在的教育现状恰恰是，渴求教学招数的老师太多，而追求"教如其人"的老师太少。前者只需不断重复和不断训练，后者则需要坚持不懈地自我认同和自我完善。

【帕】（作者推崇一位善于反思的汤普金斯老师，她曾觉得当教师最令人痴迷的地方不是如何帮助学生学到想学或需要学的东西，而是——）（1）向学生显示我有多聪明；（2）向学生显示我有多博学；（3）向学生显示我备课有多完善。我一直在装模作样地作秀，其真实目的不是在帮助学生学习，而是以此获得学生的好评。

【李】应该说，在当今中国，这样"聪明""博学""备课完善"的老师，还算是通常人们认为的"专业素质"比较高的老师，而这样的老师并非很多，许多老师连这个水平都达不到。但即使这样的"专业素质"比较高的老师，离真正的教育还有距离。我们的目的，不是在课堂上宣讲自己的研究论文，而是"帮助学生学到想学或需要学的东西"。

【帕】有教师用了一上午喋喋不休地抱怨学生的质量，他们说，如果我们不招学生底子好的年轻人，我们这个项目肯定会半途而废。一开始我只能洗耳恭听，可他们颠来倒去一味地怪罪学生，最后我忍不住讲了几句：你们的话就像是医院的医生说："不要再给我们送有病的病人了——我们不知道拿他们怎么办——给我们送无病的病人来吧，这样的话我们可以看起来像是医术高明的医生。"

【李】估计没有人会承认自己就是这样的老师，但为什么一流的医院招收的都是别人治不好的病人,而一流的名校(特指义务教育阶段的中小学)招收的却是分数最高的学生?有多少"名师"是靠教"优生"成为"名师"的啊!面对医生,我们应该感到有些脸红。

【帕】一个优秀的教师甚至能够倾听学生尚未发出的声音,长此以往,学生总有一天能够坦诚而自信地开口说话。倾听尚未发出的声音意味着什么呢?意味着宽容他者,关心他者,关注他者,尊重他者;意味着不要匆忙地用我们可怕的言语去充塞学生的沉默时刻,不要迫使他们说出我们想听的话;意味着体贴入微地走进学生的世界,使他们将你看成诚心诚意地倾听他者真心话的人。

【李】作者认为应该允许学生课堂上不发言,要尊重学生的沉默。这里的"尊重",指的是面对没有发言的学生,也要通过眼神、表情或动作去倾听他的心灵,即孩子"尚未发出的声音",然后耐心地等待,不是等待他发言,而是给他以思想燃烧的时间。一切为了营造课堂"活跃氛围"而设法让学生七嘴八舌地说出教师想听的标准答案的所谓"互动",都是造假。

【帕】我从30年教学生涯中得到的认识,就是在每节新课开始时以"新手"的感受去上课。

【李】读到这里,我在心里忍不住骄傲地说:"我也是!"

【帕】每个人必须发言,而且必须按统一口径发言,那么人人发言可谓"多此一举",而不同意见只能"胎死腹中",没有个人的独处,也就没有真正的学习。

【李】应该允许课堂的"冷场",甚至应该给点儿时间"冷场"。作者这里说的"独处"指的是学生独自默默思考。当学生凝神思考时,属于他的学习就开始了。

【帕】教师要欢迎并确认每一个人的意见,但这并不意味着无论其意见多么荒谬可笑，都要随口附和，而是意味着通过全神贯注的聆听、旨在澄清语义的询问，并在学生迷惑于抽象概念时提供说明的例证，帮助每一个学生明确自己所说的精华之所在。

【李】我们听过太多的老师无论学生说什么，都回他一句"你真棒"，这种表扬其实是无效的。认真倾听，真诚对话，甚至展开一些思想碰撞，最后找到那个"精华"，这才是对学生真正的鼓励，不，是奖励。

【帕】从本质上说，求真共同体是通过争论而非竞争来增进我们的知识。竞争是个人之间为了谋求私利而在暗中勾心斗角的一场零和博弈，而争论则总是群体参与的，人人可以各抒己见，甚至有时大吵大嚷。在这种公开的唇枪舌剑中，每个人都可能在学习和成长过程中成为赢家。竞争是共同体的对立面，是销铄关系纽带的腐蚀剂，而争论则是共同体的动力，促使共同体成员公开地验证各种看法，激发每个成员充分发挥自己的聪明才智，以集思广益的方式更好地认识世界。

【李】这里作者谈到了"争论"和"竞争"的区别，他提倡"多争论"，主张"非竞争"。这是一个非常重要的理念。竞争就有名次，名次的排列就需要评价标准，而且评价标准越细，胜负的评判就越"客观"越"公正"。但问题是，课堂上许多问题是没有标准答案的，双方的观点有时候不是非此即彼、非黑即白的"势不两立"，而是互相启发、互相补充、互相完善，有时候甚至连"求同存异"都不需要，各自保留自己的观点，彼此尊重。所以，"争论"比"竞争"更有利于真正的学习。

【帕】他深切地关心学生，他讲课的那个激情，不仅是为了他所执教的学科，而且是为了学习这门学科的我们。他期望我们随时与构成他的学识与想象力的"老朋友"相见并从中学习，因此以一种呈现本心的独特方式将这些老朋友介绍给我们。

【李】心中装着学生，并将自己学科化，或将自己所教学科人格化——

当然是自己的人格，即著名小学数学特级教师华应龙所说的"我就是数学"——我经常也告诉自己："我就是语文！"有了这一切，课堂上完全不用想你"教什么""怎么教"——不是说这不重要，而是因为"教什么""怎么教"早已成为你课堂举手投足的"本能"，你只需考虑一点：如何把你的"朋友"变成学生的"朋友"，让他们和你一样热爱这位"朋友"，最后成为终生相伴的"老朋友"。

……

我和作者的对话当然远远不止这些。《教学勇气》一书中类似的金句，层出不穷，比比皆是。读着这些句子，你会情不自禁想到自己的教学，并产生马上重返课堂的"勇气"。

当然，产生这种跃跃欲试冲动的前提在于，你是一位真正的教师。所谓"真正的教师"意味着你不是因为谋生而选择的这个职业，而是发自内心地出于热爱孩子、热爱教育而报考的师范。如果正是这样，这本书就是为你写的，否则，请不用打开这本书。

因为作者在本书的"导言"中已经有言在先——

如果你是从未熬过苦日子的教师，或是虽说艰苦度日却不以为意的教师，那么你不必费心来读本书。有些教师既有过"苦日子"也有过"好日子"，他们对有的日子之所以感到"苦"，恰恰与其心中之挚爱息息相关；还有一些教师决不放任自己如铁石心肠那样冷酷无情，因为他们热爱学生，热爱学习，热爱教学，本书就是为了这些教师而写的。

2020 年 1 月 20 日

"带着批判的视角来审视芬兰教育"

——读文德《破解神话——还原真实的芬兰教育》

我没去过芬兰,却很神往"芬兰教育",因为我从媒体上,从许多专家的口中,了解到芬兰教育的美好:学生拥有高度的学习自主性,个性化教学,不排名,不推优,没有竞争,教育公平而均衡,对教师考核少,不评比,没有职称,教师有充分的教学自由度和课程自主权……

这每一条都是针对中国教育问题的,他们的优势恰是我们的短板。

这是不是真实的呢?虽然我没有去实地看过,但我相信是真的,不仅仅是因为我许多朋友都去实地考察过,还因为我去过丹麦,实地感受过他们的中小学和幼儿教育,北欧的教育都有一个共同的风格:自由。

但我估计,这可能不是芬兰教育的全部。果真,最近读了赫尔辛基大学教授文德的《破解神话》,印证了我的"估计"。

这是一本专说芬兰教育"坏话"的书——当然,所谓"坏话"是我的调侃。准确地说,是专门指出芬兰教育中被夸大(即被"神化")的部分和芬兰教育存在问题的书。

作者当然在书中列举了芬兰教育的优势(或者用中国人的话来说叫"亮点"):孩子入学机会均等,整个基础教育阶段国家不会组织任何考试,芬兰教育不提倡选拔,教学以学生为中心,教师职业备受尊重,学校差异很小,在学校学生不会被拿来比较……

但作者同时指出,这些优势只是存在于小学和初中,到了高中和大学,芬兰教育并非如此；而且，并非所有芬兰的学校都是相同的品质，而"来访者总是会参观组织方选定的学校和课堂"，"我们注意到赫尔辛基是芬兰访客最多的城市，然而遗憾的是它的代表性并不高，它不能说明芬兰其他城市或乡镇情况，然而现在赫尔辛基却代表了整个芬兰"。

这一下让我想到中国，如果一个外国人只看北京的十一学校、人大附中，或上海的上海中学、复旦附中，他能说看到了"中国教育"吗？

文德教授指出了芬兰教育的一些问题（当然，有的不一定是"问题"，却是外国人不了解的情况）：高中教育一样择优录取，在高中还有"残酷的选拔"，有的课堂教学依然以教师为中心，甚至最近几年芬兰也有学校发生枪击、酗酒和毒品事件……

文德教授认为，芬兰教育之所以最近几年在世界各地那么"火"，是因为2000年，芬兰参加第一次PISA考试获得了第一名，让世界瞩目；于是芬兰官方开始打造"芬兰教育的国际品牌"，一方面开发芬兰的"教育旅游"，向全世界推销，以吸引越来越多的人到芬兰考察教育；另一方面搞"教育输出"，在世界各地建立芬兰学校，他们甚至在沙特都建立了三所芬兰学校。

作为没去过芬兰的教育者，我显然不能仅仅凭文德教授这本书，就否定芬兰教育。文德教授的介绍也许不够全面，或者说他主要说的是芬兰教育的问题，但他绝非哗众取宠、故作惊人之语。文德教授是一位严肃的学者，作为赫尔辛基大学教授和"教育的多元性与跨文化性"研究组负责人，他的主要研究领域为跨文化教育、多元文化社会学、师生流动。迄今为止，他在国际上出版50多部著作，发表100多篇研究性文章，成果丰富。多年来，他造访澳大利亚、加拿大、卢森堡、马来西亚、瑞典等国，研究各国教育模式，同时也在不断审视总结芬兰教育的经验，反思芬兰教育的前路到底该去向何方，是欧洲教育跨文化交流领域最为知名的专家之一。

读了这本书，我们了解到芬兰教育的另一面，但这并不妨碍我们继续向芬兰教育学习。中国教育有中国的问题，芬兰教育有芬兰的问题，但中芬两国的教育问题不在一个层面上。芬兰是在已经实现了某种理想教育之后出现的问题，而中国还在为教育理想而奋斗。所以，该向人家学习的还得学习。

不过，当全世界都在赞美和追捧芬兰教育时，文德教授却对自己祖国的教育提出批评，这种质疑精神倒是难能可贵的，而且我们完全可以用这种批判性眼光来审视各种教育模式，包括中国教育。虽然各种教育都有其源于本国传统和国情的特点，但不同民族之间的教育总是可以互相交流和借鉴的，中国教育还处在发展中，尽管40年来成就显著，但远远还没有到向世界输出以显示"教育自信"的程度。看看芬兰学者对芬兰教育的批评，中国教育者的头脑或许会清醒一些。

2020 年 2 月 6 日

"儿童是成人之父"

——读蒙台梭利《童年的秘密》

"蒙台梭利"这个名字最近在中国越来越"吃香"了——严格地说，是以这个名字命名的"蒙台梭利幼儿园"吃香。而之所以"吃香"，是因为"蒙台梭利"这个外国名字将有些家长吸引住了，或者说"镇"住了。至于"蒙台梭利"是谁，为什么要以这个名字为新建的幼儿园命名，估计并不是所有人都知道的。

蒙台梭利（1870—1952）是意大利著名的幼儿教育家，其实她最早是学医的，是意大利第一个学医的女生，也是意大利第一位女医学博士。她最早研究的是智力缺陷儿童的心理和教育问题，后来致力于正常儿童的教育实验，为此她创办了"儿童之家"。她的教育思想对世界各国的幼儿教育产生了巨大的影响，促进了现代幼儿教育的改革和发展。

我第一次知道蒙台梭利的名字，是大学上教育学课程的时候。当时不太注意，中外教育史上那么多教育家的名字和思想也不可能一一记住，她对于我只是个名字而已。第二次走近她，是读博期间，我集中读了大量中外教育名著，其中包括《蒙台梭利方法》和《童年的秘密》。今天我这是第二次读了。

《童年的秘密》出版于1936年，是蒙台梭利对"童年秘密"的探索和解答，她通过本书集中阐述了自己的儿童教育观。在本书的语境中，"童年"更多指的是一个人的幼儿时期。教育家根据自己的观察和研究，指出了幼儿生理和心理的发展特点；还阐述了幼儿教育的原则，一是重复练习，二是自由选择。作者还对幼儿教育的环境提出了要求，她认为幼儿教育的环境应该是愉快而自由的。在这种环境里，几乎所有的东西都适合于幼儿的年龄特点和身体发育，对幼儿具有极大的吸引力。这样的环境应该是生气勃勃的，能让幼儿快乐、真诚、可爱地舒展身心，无拘无束而毫不疲倦地活动，以促进幼儿天赋的发展，为幼儿开拓一条自然的生活道路。

蒙台梭利特别对幼儿心理岐变进行了分析，指出幼儿心理岐变主要有八种表现：心灵的神游、心理障碍、依附、占有欲、权力欲、自卑感、恐惧、说谎。她指出，在幼儿身上，这些心理岐变并不是孤立存在的，而是互相联系的，一个幼儿有可能同时产生几种心理岐变。心理岐变作为一种功能性的失调，会使幼儿的心理处于紊乱的状态。要使幼儿的心理得到正常的发展，就必须精心治疗这种功能性的疾病，消除这些心理岐变。

蒙台梭利关于心理岐变的分析，让我非常受启发。通常我们认为幼儿的占有欲、说谎等，都属于品质问题，但蒙台梭利作为一个医学博士，不仅仅从社会道德的角度看这些现象，更从医学的角度指出这是生理缺陷，是一种疾病。然而，我们太多的家长和教师都把这些当作品德问题而对孩子进行"教育"和"纠正"啊！

本书还谈了成人与儿童冲突的克服。蒙台梭利指出，成人与儿童的冲突主要是由成人引起的。就其原因来说，有的冲突是由于成人没有真正理解儿童，不了解儿童的自然特性；有的冲突是由于成人只注意儿童身体的需要，而忽略了儿童心理的需要；有的冲突是由于成人以自我为中心，把自己看成一贯正确的模式；有的冲突是由于成人的傲慢和暴虐，并在一切方面替代儿童。然而，更可怕的是成人并没有意识到，是他们的盲目无知导致了儿童与成人的冲突，从而阻碍了儿童心理的正常发展。因此，必须在成人中进行一次剧烈的变革，使成人努力自我更新，并对儿童采取一种新的态度。成人应该根除潜藏在心中的偏见，认识到"儿童是成人之父"。这些观点，无论对于今天的父母还是教师，都是极有意义的。

蒙台梭利的教育思想当然不是完美无缺的，实际上包括克伯屈在内的一些教育家都对她的一些观点提出过批评，但是，今天重读《童年的秘密》我们依然感到"亲切"，因为蒙台梭利所批评的一些现象，在今天的中国依然存在。十全十美的理论永远不会有，何况蒙台梭利对童年秘密的深刻揭示以及尊重儿童的理念，应该说永远都不会过时，尤其是对今天中国的父母和教师。这也是我第二次读了之后，想给大家推荐的原因。

最后，摘录《童年的秘密》的一些片段——

童年构成了人一生中最重要的部分，因为一个人是在他的早期就形成的。

成人的幸福是与他的儿童时期所过的那种生活紧密相连的。我们的错误会落到儿童身上，给他们留下一个不可磨灭的痕迹。我们会死去，但我们的儿童将会承受因为我们的错误而酿成的后果。对儿童的任何影响都会影响到人类，因为一个人的教育就是在他的心灵的敏感和秘密时期完成的。

儿童自身隐藏着一种生气勃勃的秘密，它能揭开遮住人的心灵的面纱；儿童自身具有某种东西，一旦被发现它就能帮助成人解决他们自己的个人和社会问题。

现在人们认识到，治疗任何疾病，不管是身体的还是心理的，都应该考虑一个人童年时所发生的事情。那些可以追溯到童年的疾病，通常说来是最难治愈的和最严重的，其理由是，成人生活的模式在他的早期就已确定了。

在跟儿童打交道中，成人会变得不是自私自利就是以自我为中心。他们从自己的角度出发看待跟儿童心理有关的一切，结果误解日积月累。由于这种以自我为中心的观点，成人把儿童看作心灵里什么也没有的某种东西，有待于他们尽力去填塞；把儿童看作孤弱的和无活力的某种东西，为此成人必须为他们做所有的事情；把儿童看作缺乏精神指导的某种东西，需要不断地给予指导；总之，我们可以说，成人把自己看作儿童的创造者，并从他们自己跟儿童的关系的角度来判断儿童好坏与否。成人使自己成为儿童善良和邪恶的试金石。他是一贯正确的模式，儿童必须根据它来塑造。儿童的任何方面偏离了成人的方式就被当作一种罪恶，成人要迅速加以纠正。

一个成人如此行动，即使可以确信他是充满着激情、爱和对儿童的牺牲精神，他也会无意识地压抑儿童个性的发展。

如果我们能在儿童身上发现人的素质，那么我们也能在儿童身上发现种族未来的幸福。

儿童的教育始于诞生时。

说母亲和父亲创造了他们的孩子那是不对的，相反地我们应该说"儿童是成人之父"。

成人的贪婪被"有责任正确地教育儿童"掩饰起来了，这种贪婪使他小心翼翼地保护自己所拥有的任何东西。成人害怕他的安宁被打扰，然而，这种害怕掩盖在"为了维护儿童的健康，要让儿童多睡一些"的幌子下。

一个缺乏教养的妇女很可能会对他的小孩大喊大叫、打骂，并把他从家里赶到街上，不让儿童打扰她。但过后，她也会亲昵地抚摸和热情地吻他，以表明她是体贴并爱着这个小孩的。

如果儿童要发展他的个性，成人必须控制自己，领会儿童的表示，而且，成人应该把这当作一种特殊的事，使自己能够理解和追随儿童。

成人愚蠢地说："儿童是植物，是花朵。"这意味着"它应该不出声"，或者说儿童是"天使"，也就是他确实是一个到处活动的人，可是这只是在人居住的地球之外。

儿童的父母不是他的创造者，而只是他的监护人。

2020 年 3 月 22 日

"让学校适应学生,而不是让学生适应学校"

——读尼尔《夏山学校》

上课完全自由,自由到孩子可以上课,也可以不上课,甚至只要他喜欢,他可以一年到头都不上课;一切有关集体和生活的事,包括对违规者的惩罚都是由学校大会投票处理,不论年龄长幼,每位教职员和孩子都只有一票,一个7岁孩子的一票和校长的一票有着同样的效力……

如果我说有这样的学校,你相信吗?

我在《夏山学校》里看到了这样的学校。的确,这所学校空前自由。学校没有任何强加给学生的课程,所有课程的设计都是基于学生的兴趣,甚至源于学生的某一项个人爱好;学校也有课表,但那是给老师准备的,学生是否上,或者上什么课,完全取决于学生自己;学生也没有规定必须穿统一的服装,他们可以在任何时间穿他们想穿的任何衣服;在这里,学生谈恋爱不被鼓励,但也不受压制;学校非常重视体育运动,但没有一个老师会催促学生"快点,快去操场",他们尊重孩子的兴趣……这些让我们看来不可思议的自由,源于一个理念:"让学校适应学生,而不是让学生适应学校。"

我估计很多人会以为这些理念和做法是"天方夜谭",是"做梦",是"乌托邦",是"看上去很美"……但《夏山学校》不是作者尼尔虚构的小说,而是他亲身实践的现身说法。是的,世界上的确有一所叫"夏山"的学校——诞生于1921年,位于英国,至今依然存在。

说实话,我并不能完全赞同《夏山学校》的每一个观点,有些论述甚至让我略感有些"绝对",但是,《夏山学校》的灵魂——爱与自由,我却认为是教育永恒的真谛。

尼尔的教育之爱,是基于他对人性的尊重与信任。他坚信孩子的天性是善良的而不是邪恶的。"四十年来,这一信念从未动摇,而且更加坚定。"尼尔写道:"也许夏山最大的发现就是孩子生来就是真诚的。因为我们不去影响他们,才能发现他们的真实情况,所以不干涉是我们管理孩子的唯一方式。"

应该说,谈教育的爱,尼尔并不是第一人,太多的教育都在谈教育的"爱"。但是,我们可能没有意识到,有时候恰恰是我们所谈论所理解的"爱"妨碍了真正的教育,妨碍了孩子的健康成长,也让许多孩子不快乐。因为作为教育者——教师、家长和成人,我们一开始对儿童就存在着"有罪推理"的偏见:孩子有许多"不良习气"需要克服,有许多"缺点"需要改正,有许多"不好"的思想、观念和道德意识需要"纠正"与"引导"……于是,束缚、批评乃至惩罚,都在"爱"的名义下侵犯着孩子的心灵。教育,因此走向了反面。

尼尔所做的努力,就是让爱成为尊重和信任,让教育回到其本来的面目。他认为教育的爱,应该体现为尊重孩子的天性,这种尊重同时也是一种信任。因为这种尊重与信任,夏山学校才会把一切都交给孩子。是的,是"一切",即学校管理的方方面面。比如,对一个犯了错误的孩子如何处理,由学校大会投票判决。"在夏山,没有任何犯错的孩子对集体的判决有反抗与怨恨,我常对被罚者那种顺从的态度感到惊奇。……夏山学生对他们自己的民主十分忠诚。这种忠诚并无怨恨的成分在内,因此也不会有怨恨。我曾经看见一个孩子因不合群的行为而受到长时间的审判,然后心悦诚服地接受了判决。而且刚刚接受判决的孩子常常被选为下一次大会的主席。孩子的正义感永远使我佩服,他们的行政能力很强,自治在教育上实在有无穷的价值。"尼尔自豪地写道。

但是,这是包括我在内的许多中国读者不太好理解的。我们会担心,如此自由的学生,最后离开夏山学校的时候,会是怎样的人呢?因为我们会"本能"地想知道，这个学校是否培养了被世俗标准定义为"成功"的学生？

让人惊奇甚至难以置信的地方就在这里。1949年6月，当时的教育部在对已经创办28年的夏山学校进行了全面考察评估之后，写了一份《英国政府督学报告》。其中有这样的评价："夏山教育并不与世俗的成功背道而驰。毕业生中有英国皇家电器机械工程兵上尉、炮兵中队长、轰炸机队长、幼儿园教师、空中小姐、名乐队竖笛手、皇家学院荣誉会员、芭蕾舞明星、无线电台长、报纸专栏作家及四大公司市场调查主管。除此之外，他们曾得到下列学位：剑桥大学荣誉经济学硕士、皇家艺术学院奖学金研究生、伦敦大学物理学荣誉理学士、剑桥大学历史学荣誉文学士、曼彻斯特大学近代语言学荣誉文学士。"

如何解释这种现象？其实很简单。看似"放任"学生——"放任"到"学生可以不上课"，"放任"到即使愿意上课的学生"也只选他喜欢的学科"，甚至"放任"到"在性方面给予学生完全的自由"……其实学生自己并不"放任"自己。因为夏山学校教育的精髓，是培养出对自己对他人对社会有责任感的人，尤其是培养孩子对自己负责。而反观中国（也许还不仅仅是中国）现在的教育，我们培养的多是"为别人而存在"的人：为老师的表扬、为家长的奖励、为成年人的种种期待与愿望而"成为好人"。但夏山学校的目的，是让孩子成为自己成长的主人，是能够对自己负责的主人。所谓"对自己负责"就意味着，你犯了错误就得承担相应的责任，并付出代价；同时，你的成长过程中所要做的一切都是自己的事，比如上不上课，这与老师无关，与家长无关，与别人无关，只和你自己有关。

夏山学校的孩子无疑拥有远远超过一般传统学校的自由。然而千万别误解了"自由"这个词在夏山的含义。作者写道："学校奉行的宗旨为自由，但并非无限制的自由。""自由的意义是，在不妨碍别人自由的情形下，做你自己想做的事，因此你能完全自律。""只有当孩子能完全自由地管理他们的集体生活时，才有真正的自由。"这是关键所在——自由，同时意味着自律。所以，在充分自由氛围中成长起来的夏山孩子，走出学校都举止文明、富有教养，充满自信与创造力。可见自由对教育对学校并非洪水猛兽。以"性"为例，《英国政府督学报告》中有这样的评价："在性方面给予学生完全的自由，大多数家长与教师显然对此有所怀疑。……可以安慰的是，这所学校的青年极其自然、开朗大方，一般人猜测的不良后果，在该校有史二十多年来，从未发生。"

拥有充分的自由、高度的自律，孩子要做什么，或者不做什么，都出自内心的真诚愿望，而不是因为某些恐惧。尼尔认为，教育不应该有任何恐惧，因为没有摆脱恐惧的孩子不但必然不自由，而且会滋生仇恨，产生罪错。所以，让每一个孩子成为自由快乐的人，是夏山学校的追求。"是不干预和不给孩子压力的观念，成就了今天的夏山。"尼尔如是说。

但让尼尔自豪的成功首先不是这些。"我个人对成功的定义是，能快乐地工作、积极地生活。按照这个定义，绝大多数夏山的学生都生活得很成功。"他还说，夏山学校"最大的优点是培养出了未被恐惧与仇恨摧毁的健康自由的孩子"。尼尔认为，自由灵魂、健全人格和积极生活，胜过所谓"功成名就"。他甚至说："我情愿看到学校教出一个快乐的清洁工，也不愿看到它培养出一个神经不正常的学者。"

怎样才能让孩子获得快乐？尼尔的答案是："消除权威。让孩子做他自己，不要教导他，不要教训他，不要勉强他上进，也不要逼他做任何事。这也许不是你喜欢的答案，但是如果你不采用我的答案，应该自己找出更好的答案。"这不是放弃教育吗？那还要教师和家长做什么？错了，尼尔继续写道："要孩子做一个灵魂自由、对工作感兴趣、对友谊有乐趣、对爱情感到快乐的人，或者让他成为一个痛苦的、矛盾的、恨自己和社会的人，这大权操控在家长和老师手中。"

教育者究竟在教育过程中应该怎么做？读完《夏山学校》，我们已经找到答案，那就是给孩子以爱和自由，让孩子做他自己。

无论是基于历史背景还是文化传统，夏山学校的做法肯定不可能也没必要在中国"推广""复制"。尼尔也不认为夏山的做法"放之四海而皆准"。他在书中说："世界各国即使采用夏山的教学方法，也不会维持很长时间，将来也许会发现更好的方法，只有夜郎自大的人才会觉得自己的方法是最好的。……夏山学校的前途也许不太重要，但夏山观念的未来，却对整个人类有重要的影响。新的一代一定要有机会在自由中长大，给他们自由就是给他们爱。唯有爱才能拯救这个世界。"

是的，唯有爱和自由不可阻挡，因而具有超越时空的生命力。在今天的中国，从北京十一学校四千多份"私人订制"的课表上，我们不是可以感受到尼尔理念的某些气息吗？还有在被称作"中国的夏山学校"的成都先锋学校，我们不是真真切切地看到了教育的自由与孩子的快乐吗？

2016 年 3 月 4 日

"请把教育权留给我们自己!"

——读尼尔《尼尔!尼尔!橘子皮!》

这书名很"奇葩"吧?

很"奇葩"的书名源于很"奇葩"的作者,而作者很"奇葩"是因为他创办了一所很"奇葩"的学校——夏山学校。夏山学校的确是一个"奇葩"的存在,尽管它已经存在99年了,尽管它现在已经享誉世界了,但在英国,它依然不被主流真正认可,在国外许多教育同行眼里,它依然是一个海市蜃楼一般的乌托邦——

上课完全自由,自由到孩子可以上课,也可以不上课;学校没有任何强加给学生的课程,所有课程的设计都是基于学生的兴趣,甚至源于学生的某一项个人爱好;也没有规定学生必须穿统一的服装,他们可以在任何时间穿他们想穿的任何衣服;在这里,学生谈恋爱不被鼓励,但也不受到压制;一切有关集体和生活的事,包括对违规者的惩罚都是由学校大会投票处理,不论年龄长幼,每位教职员和孩子都只有一票……

如果这所学校在中国,有多少家长敢把孩子送去?

然而,从1921年创办至今,夏山学校却顽强地在这个地球上屹立了近百年,成为与英国伊顿公学、美国道尔顿学校和乌克兰帕夫雷什中学齐名的世界基础教育"四大名校"之一。

因为对夏山学校感到惊奇,所以我对创办者尼尔也感到好奇。按我的想象,一所领先全国乃至全球的教育实验学校的创办人,一定有着丰富的教育实践和深厚的教育理论，比如苏霍姆林斯基。但读了《尼尔！尼尔！橘子皮！》，我很"失望"，因为尼尔的大学专业并非教育，而是文学，他对教育理论并没有特别的研究；虽然在创办夏山学校之前，他曾经在其父亲的学校当过实习教师，后来在乡村也有过短暂的教书经历，但总的来说，他远不是有丰富教育经验的教育者。

当我知道他父母都是教师后，便想当然地认为尼尔的教育情怀，源于他父母的影响。但根据尼尔的描绘，他的父母显然都不是好教师。他回忆道："儿时的我并没有得到父亲足够的关注。印象中他对我的态度总是很粗鲁，所以我从小就对父亲产生了某种特别的恐惧，这种恐惧直至成年也不曾全然克服。""我的得意换来了母亲的一顿胖揍。这就是我的母亲，一个骄傲的小妇人。在孩子眼里，她树立的规矩冷漠无情。"

从这本个人传记中，我看到尼尔在创办夏山学校之前，人生色彩相当斑斓：少年时代的恐惧与好奇——恐惧听鬼故事，恐惧夜晚，恐惧母亲的各种强迫，恐惧父亲那张冷冰冰的脸，同时他对各种寻宝游戏、乡间的婚丧嫁娶、恶作剧充满了好奇……少年时代的冒险与尝试——发明自行车，通过广告赚钱，课外阅读，探索自己的运动能力，崇拜偶像，想当兵，想做神职人员，想做钢琴家……青年时代的体验探索——做乡村教师，读大学发现自己的特长领域，发展文学爱好，做出版编辑，一战时当兵，再做教师，与朋友创办国际学校……

这些丰富的经历后来都成了尼尔创办夏山学校的思想资源，他对教育的理解更多地来自自己的经历。比如，夏山学校对"自由"至高无上的强调和尊重，就源于他对父母教育的恐惧。正如现任夏山学校校长、尼尔的女儿伊佐·尼尔·雷德黑德在本书《致中国读者》中所写："他自己经历了一个毫无快乐可言的教育体系：少年时被束缚于课桌，被迫学习成年人认为有益的一切。他顺遂内心的感受与指引，不忘初衷，在岁月长河积聚的各种资源的鼓舞下，潜心形成了自己独立特行的教育体系。"

书名"尼尔！尼尔！橘子皮！"，就是夏山的孩子给校长尼尔取的绰号，每一个孩子都不叫尼尔"校长"，而是直呼其名同时也直呼其绰号："尼尔！

尼尔！橘子皮！"尼尔说："既然可以被夏山的小学生哄叫成'尼尔！尼尔！橘子皮！'，那么，我也乐意被世界上所有孩子如此称呼——这就是我，一个信任孩子的人，一个信奉淳朴善意和脉脉温情的人，一个在权威中只看到控制或多数时候看到憎恨的人。"尼尔还特别解释道："为什么选择这个押韵的短句作为自传的书名呢？因为它涵盖了我与孩子们相处的一生。……它并不包含无礼或憎恨的成分，恰恰相反，这句话意味着爱和平等。假如这个世界上的每一个孩子都可以称呼他们的老师'橘子皮'，那么，我的信箱里也许再也不会塞满以下开头的来信：'我讨厌我的学校，我可以来夏山上学吗？'"

一个绰号涵盖了一个校长和孩子相处的一生，这样的校长该多么慈祥温暖？这样的学校的师生之间该多么平等和谐？

尼尔与他同样身为教师的父母在教育理念和行动上具有天渊之别。父母充满控制的专横教育，却催生出张扬自由的民主教育。

这不是一本讲夏山教育的书，而是一本谈为什么夏山会成为夏山的书。

夏山学校的精髓是"自由"。而自由，是最易被误解甚至抹黑的词。特别是在中国，人们——尤其是教师——每次说到"自由"，都会情不自禁地加一句："当然我们也不能搞绝对的自由。"其实，这句话本身就是对"自由"的误解。因为"自由"本身就排出了"绝对"的含义。"绝对的自由"是没有的，就像不可能有"有骨头的鸡蛋"一样，鸡蛋就是鸡蛋，骨头就是骨头。你不能在吃鸡蛋的时候说："我不吃有骨头的鸡蛋！"这不是有病吗？所以，有人说"不能搞绝对的自由"同样是在胡说八道。我们说"追求自由"这句话中的"自由"天然就不含"绝对"的意思。

当然这是一个很大的话题，在这里无法展开论述。我们听听尼尔在本书中有关自由的"金句"——

切勿满足于"井然有序的自由"，那是莫须有的幻想，在现实中并不存在。自由，只关乎有或者无。

自由可以非常简单，自由就是自然、友善，心中充满爱而非仇恨。

良好个性的形成源自内在的自由，而非来自外部管教。

我始终坚信，如果所有的孩子都可以自由成长，社会犯罪率会下降到历史最低水平。

遵守！服从！发号施令者咆哮着，可是人们遵守的不是平等的规则，而是上级的指令，服从的也不是平等本身而是上级。服从隐藏着恐惧，而恐惧本身应是任何一所学校中最为罕见的、最不受鼓励的情绪。

在夏山不存在所谓的代际鸿沟，倘若存在，我在日常例会上的提议，就不会出现半数被否决的情况，一名12岁的女生也可能当面对老师说："你的课讲得真无聊。"我必须补充说明，自由是相互的，因此，我们的老师也可以对孩子说："你真是一个讨厌鬼。"

我并不反对学习本身，而是希望还原学习的常态，我希望学生的学习出于自发自愿。

教学方法容易被督查，快乐、诚实与均衡，却难以被检验。一言以蔽之，自由难以被度量。

细细咀嚼一下这些话，也许读者对自由会有新的理解。

什么是好的老师？尼尔有他的标准——

我不需要那种拥有强大人格的超人，因为自由的儿童拒绝这类老师。

真正的好老师常常利用休息时间和孩子们厮混在一起。

寻找教师时，我更看重幽默感而不是尊严。换言之，理想的教师一定不能让学生心生恐惧，也万万不能是道德家。

学校扮演着青少年的生活杀手的角色，在日常教育教学中慢慢灌输着服从。而服从，极有可能是致命七德之罪，它忽略了孩子天性中所有的重要因素——玩儿的天性、自然的喧哗。它迫使学生"尊重"教员，迫使学生假装伪善，而压制学生与生俱来的诚实品质，将学生培养成真正的伪君子。

我认为，一部留声机足以包揽日常教学中绝大多数百科全书般的知识。我更关心的是：师范生与学生之间有多少互动？有多少师范生在实践中对儿童心理学所知寥寥？

一个饱读弗洛伊德、荣格和阿勒德著作但缺乏独立思考的书呆子，面对孩子的偷窃、懒惰或者无耻行为只能是束手无策。

教师究竟应不应该使用心理学呢？我的建议是请不要把它当做实践的工具，而要活在其中。

所谓"代沟"，可能是最令教师和家长头疼的问题之一。对此，尼尔说——

随着时间的推移，我越来越坚信：各个学校最必要的改革正是消除年轻人与长者之间的深沟——经久不变的家长式作风，这种独断专制的权威带给学生的是贯穿其一生的自卑；成年之后，他们仅仅是把权威的对象由教师换为老板而已。

一般而言，只有那些肯与孩子一起成长的家长，才可能避免与孩子之间产生代沟。

什么才是好的教育？什么才是教育的成功？尼尔说——

一名因偷窃被伊顿公学开除了的男生转到我的学校，顺利毕业并疗愈，为此我一直引以为豪。

我主要的兴趣不在于他们是否成为教授或者砖瓦匠，我感兴趣的是他们的个性、诚恳和忍耐力。

大多数人成不了伟大的诗人，也成不了伟大的音乐家。我们都从事着力所能及的渺小工作，然后尽己所能过着幸福的日子。

夏山的思想遥遥领先，且独领风骚；夏山的实践丰富多彩，且惊世骇俗。感兴趣的读者除了读这本《尼尔！尼尔！橘子皮！》，还可以读读尼尔写的《夏山学校》。

1949年6月，当时的教育部在对已经创办28年的夏山学校进行了全面考察评估之后，写了一份《英国政府督学报告》。其中有这样的评价："夏山教育并不与世俗的成功背道而驰。毕业生中有英国皇家电器机械工程兵上尉、炮兵中队长、轰炸机队长、幼儿园教师、空中小姐、名乐队竖笛手、皇家学院荣誉会员、芭蕾舞明星、无线电台长、报纸专栏作家及四大公司市场调查主管。除此之外，他们曾得到下列学位：剑桥大学荣誉经济学硕士、皇家艺术学院奖学金研究生、伦敦大学物理学荣誉理学士、剑桥大学历史学荣誉文学士、曼彻斯特大学近代语言学荣誉文学士。"

如此自由的学校，却有如此辉煌的办学成效。夏山的不可思议，正在于此。

但夏山并未因此而摆脱种种质疑。同时，面对教育当局要求的各种办学规范和各种量化督导，尼尔不胜其烦。他抱怨道："教育督查迫使夏山学校也如其他学校一样弄虚作假、表里不一，孩子们一反常态地收拾得整整齐齐，把墙壁上涂鸦的污言秽语擦拭干净，这令他们感到不自然、不愉快。"

在本书结束时，尼尔满怀自信与豪迈地向全世界凛然说道——

鉴于夏山的老校友们几乎都是生活的赢家，我有必要表态拒绝教育督查。我应该理直气壮地对教育部这么说："在过去50年里，睿智并且有修养的家长把自己的孩子送进夏山学校，他们相信夏山学校的教育体系，对夏山的教育效果感到满意。为什么我的学校要根据一个与我的教育理念不相干的官方标准进行评判？夏山学校的立意在生活本身，我们拒绝接受一群只关心教学方法和纪律的人的评价。请让督学制定洗手池、浴室和灭火器的数量标准，对此我们夏山一定严格遵循。但是请把教育权留给我们自己！"

这样的愤懑在中国不也同样存在吗？不同的是，在中国，未必有校长敢于发出这样的声音。

2020年3月29日

"一个尺寸适合一个人"

——读维克托·迈尔-舍恩伯格《与大数据同行——学习和教育的未来》

百度上介绍,维克托·迈尔-舍恩伯格是十余年潜心研究数据科学的技术权威,是最早洞见大数据时代发展趋势的数据科学家之一,也是最受人尊敬的权威发言人之一。

我有幸在成都见过舍恩伯格先生。但由于语言的原因,没有深入交谈。没想到,通过其《与大数据同行》,我和他有了也不算深入但比较专业的"交流"。

"大数据"是个新概念,也是一个容易被有些教师误解的概念。这里得先明确"数据"与"数字"的区别。借用专家一个形象的例子来说,一个学生考试得了78分,这是一个"数字";如果把这78分背后的因素(家庭背景、努力程度、学习态度、智力水平、教师教学效果等)和78分联系在一起,就成了"数据"。如果不是一个78分,而是通过计算机平台采集常规统计手段无法采集的无数个"78分"的海量数据,那就叫"大数据"。

本书是一本了解大数据与教育关系的科普读物。作者通过已经发生的生动案例,通俗简洁地阐明大数据将对教育产生怎样的变革性影响。

作者告诉我们,大数据改善学习的三大核心要素是,反馈、个性化和概率预测。这三点将直接改变现有教育。

作者认为:"现代教育仍然类似于伴随着其发展的工业化时代的教育——学生们受到同样的对待,使用同样的教材,做同样的习题集。"这种

"一刀切"的教育原来是"世界通病"。

而需要改变的,正是这种"一刀切"。当我们的教育真正适应每一个——毫无例外的是"每一个"——学生时,我们所从事的才谈得上是真正的教育。

用作者的话来说就是:"我们需要的是'一个尺寸适合一个人'的方式,而且我们有能力去实现。我们可以对知识的传递进行个性化处理,使之更好地适应特定的学习环境、偏好和学生能力,这样的做法,虽然不能让每一个人都成为火箭专家,并且对学习者的专注、执着和精力仍然有要求,但是可以打破'一个尺寸适合所有人'的同质性,从而使学习优化成为可能。"

打破"一个尺寸适合所有人"框框的,正是大数据。

作者认为,应该为每一位学生创造一个自动化的"私人教师"。这在过去是难以想象更不可实施的,但现在可以:"大数据为学习带来了三大改变:我们能够收集对过去而言,既不现实也不可能聚集起来的反馈数据;我们可以实现迎合学生个体需求的,而不是为一组类似的学生定制的个性化学习;我们可以通过概率预测优化学习内容、学习时间和学习方式。"

作者由此展望:"在未来,学习绝不会是按照一个给定的教科书、一门科目或课程,以同样的顺序和步调进行,而是将有数千种不同的组合方式。……教师不再需要凭借主观判断选择最适合教学的书籍,大数据分析将指引他们选出最有效的、支持进一步完善和私人定制的教材。当然,同一组学生仍然会使用相同的教材,毕竟他们需要通过相同的测验,但教材是可以进行个性化处理的。"

虽然作者说的是"在未来",但其实并不仅仅是"展望",因为他说这些话的时候,是以可汗学院等许多已经"走在前面"的一些教育实践和教育成效作为依据的,因而这些话特别富有说服力,让人对大数据背景下的学习产生憧憬。

但无论如何,在线课程无法替代课堂教学,现代互联网技术不能取代"人"的因素,对此舍恩伯格保持着清醒的认识。他在书中,引用了比尔·盖茨对此很好的见解。比尔·盖茨指出,来自任何地区的任何学生都能参与世界上最好的教师的课程，而不负责这些在线课程的其他教师，则可以花时间直接为学生提供指导。比尔·盖茨说："要明智地运用技术，技术是对教师的重新部署，而不是要去取代他们。"

说得太好了！

因为教育本身并不只是灌输知识和传授技能——知识和技能在教育的过程中，都是人格的载体。真正的"教育"意味着精神的提升、人格的引领、情感的熏陶、价值观的引领……一句话，教育是指向人的灵魂的。雅斯贝尔斯说："教育，是关于灵魂的教育，而非理性知识和认识的堆积。"事关灵魂，岂能交给没有灵魂的网络与机器人？

即使是教育中最理性的学科教学，也绝不仅仅是一种"客观"的教育活动，不可能完全交给网络技术。尽管学科教学是向学生传授系统知识、技能，但这无法抹煞教学过程中应有的人格引领、心灵感染、智慧启迪等人文色彩。教育承载着"价值"，凝聚着"精神"，体现着"人性"……岂能只是冷冰冰的知识？

正如舍恩伯格在本书中所指出的那样："在学习中，我们也要继续重视那些数据不能解释的事物：由人类的智慧、独创性、创造力造就的理念，这是大数据无法分析预测的。阿尔伯特·爱因斯坦说过：'想象力比知识更重要，因为知识是有限的，而想象力概括世界的一切。'"

从大数据出发，最后回到人——这就是《与大数据同行》揭示的教育变革的意义。

2020 年 2 月 21 日

父母对孩子的人格发展究竟有没有影响？

——读朱迪斯·哈里斯《教养的迷思》的细思碎想

一

《教养的迷思》是美国知名心理学家、作家朱迪斯·哈里斯的一部"惊世骇俗"之作。

作者从教养、环境、基因、时代、地域、文化、性别、学校、社区等方面，全方位地"论证"了她的观点——

父母的教养方式并不能决定孩子的人格发展。

作者在第一版前言中旗帜鲜明地说："这本书有两个目的：第一，改变你认为孩子的人格是由父母塑造而成的看法；第二，告诉你孩子的人格是怎样塑造而成的。父母对孩子的人格发展有长久的影响吗？本文在考察了相关证据后得出的结论是：没有。"

本书主要是对"父母教养"提出挑战。在她的论证语境中，所谓"父母教养"的含义，即父母对孩子的哺育、抚养、感染、教化等后天的影响。她认为这些教养都不足以决定孩子的人格，而传统观念认为可以，那不过是"假想"——她把这种"假想"称作"教养假说"。

传统观点不是不可以挑战甚至颠覆，"日心说"不就是对"地心说"的一个伟大挑战和颠覆吗？问题是，哈里斯的挑战与颠覆是否成功？尽管作者说她是"考察了相关证据后得出的结论",但我读了全书,感到她的"相关证据"并不足以支撑其自以为具有挑战性的结论。

二

虽然作者也呈现了个别数据——比如吃花椰菜与健康的关系,但纵观全书,作者主要还是采用事例证明的方式阐述其观点的。

任何人要证明自己坚持的观点都不可能穷尽所有事例,这就面临一个困境:无法尽可能多地举例,就很难"百分之百"雄辩证明自己的观点。

可这个困境也属于论敌,比如我反对她的观点,我也无法穷尽所有"父母对孩子的人格成长有着重要的影响"的例子。

但是,许多真理或者常识,是不需要穷尽世界上所有例子来证明的,甚至是无需证明的。比如,吸烟有害健康,多吃而不运动会导致发胖,淋了雨往往会感冒,成功需要勤奋(当然不仅仅是勤奋),"天将降大任于斯人也,必先苦其心志,劳其筋骨,饿其体肤……"。

还有——父母的教养影响着孩子的人格。

我不认为哈里斯是在哗众取宠。应该说,她是一位严肃认真的研究者。她花了大量精力搜集了许多实例,从环境、禀赋、时代、地域、文化、性别、规则等方面,洋洋洒洒写了近30万字来证明——好父母和好孩子没有必然联系。

然而,这也并不能说明父母对孩子就完全没有影响。

三

福禄贝尔说:"国民的命运,与其说是操纵在掌权者手中,倒不如说是握在母亲的手中。因此,我们必须努力启发母亲——人类的教育者。"

马克思说:"为了孩子,我的举动必须非常温和而慎重。"

苏霍姆林斯基说:"学校里的一切问题都会在家庭里反映出来;学校的

复杂的教育过程中产生的一切困难的根源都可以追溯到家庭；人的全面发展取决于母亲和父亲在儿童面前是怎样的人，取决于儿童从父母的榜样中怎样认识人与人的关系和社会环境。"

马卡连柯说："你们自身的行为在教育上具有决定意义。不要以为只有你们同孩子谈话，或者教导孩子、命令孩子的时候才是在教育孩子。在你们生活的每一瞬间，甚至当你们不在家的时候，都在教育着孩子。你们怎样穿衣服，怎样跟别人谈话，怎样谈论其他的人，你们怎样表示欢欣和不快，怎样对待朋友和仇敌，怎样笑，怎样读报……所有这一切对儿童都有很大的意义。你们的态度神色上的少许变化，孩子们都能看到和感觉到。你们思想上的一切转变，无形之中都会影响到孩子，不过你没有注意到罢了。"

其实，我还可以继续罗列下去，"卢梭说""蒙台梭利说""弗洛伊德说"……

四

我知道这些引用是无法让哈里斯服气的，说到弗洛伊德她可能更来气。因为《教养的迷思》一开始便是以弗洛伊德为靶子，提出她的"挑战"的——

弗洛伊德在大致背景下精心地描绘了这样一个场景，从成年人的心理疾患都可以追溯到幼年时发生在他们身上的事情，他们的父母对此负有不可推卸的责任。

既然连弗洛伊德都可以否定，那么其他名家理论更"不在话下"。
她索性用一句话就把话说尽并说绝了——

"专家们"是错的，父母的教养并不能决定孩子的成长。

不是说专家的话就是绝对真理，这个世界上没有什么权威是不可以质疑的。但问题是你要拿得出有分量有说服力的论据。

那么，哈里斯的论据是什么呢？就是她自己说的"相关证据"。然而这些证据能够支持她"反对旧的看法，提倡新的观点"吗？

《教养的迷思》一直贯穿着一个"主旋律"，就是所有专家所谓"父母的教养决定孩子的成长"是自以为是的假想，即她所认为的"教养假设"。

既然是"假设"，那就是不真实的存在；既然仅仅是"假设"而不是现实，那么"父母教养影响孩子"云云，自然就"不攻自破"。这就是哈里斯的"逻辑"。

五

其实，哪怕没有一个专家或名人说"父母教养对孩子的成长具有决定性意义"，我依然相信这是真理。因为这不但被我自己的孩子的成长所证明，也被我近40年教育生涯中一届又一届学生的成长所证明，更被古今中外无数正面和反面的例子所证明。它因此成了常识。

所以我不想多举例了——前面说了，我也无法穷尽所有的事例，但这不影响这一常识的真理性。

针对有不少家长把教育孩子的责任一味推给学校的情况，我曾专门撰文强调过家庭教育的极端重要性——

如果一个孩子举止文雅，善良有礼，文质彬彬，富有教养，我们很自然地会想，这孩子的家庭教养真好，而不会问："这孩子的班主任是谁呀？"同样，一个孩子举止粗俗，言行不一，满口脏话，不讲卫生，懈怠懒惰……不能说和学校一点关系都没有，但关系实在不太大，反倒是和他的家庭教养太糟糕有着重要的关系。

著名美籍华人学者严文蕃曾做过一项调查：在学生成长中，学生自身背景因素占80%，教师的作用占13.34%，学校的作用占6.66%。而学生背景中家庭收入、父母教育水平、父母职业等占60%，学生原来的知识和兴趣等占40%。

六

这些说法,在哈里斯看来当然是"苍白无力"的,因为她一再断定"专家们错了"。

当然,哈里斯不仅仅是"破",她也有"立"。

她用"群体社会化理论"取代"教养假设"——

我的理论是,群体意识使孩子社会化,使他们的人格在环境中不断得到完善。

是社区而不是家庭在影响孩子。

研究结果表明,孩子从父母那里学到的道德准则仅仅适用于家里,出了门就不管用了。

孩子生下来就具有某种特质,他们的基因使他们倾向于发展某种人格。但环境可以改变他们,这个环境不是父母提供的教养环境,而是家庭以外的环境,是孩子与同龄人共享的环境。

群体意识使他们想与父母和教师有所不同,他们迫不及待地想与上一辈人不一样。这些差异,甚至不用改变他们采用不同的行为和不同的生活理念。

无论是在狩猎采集社会中,还是在发达社会中,孩子都是在群体中得到社会化,他们从群体中学到规范行为的准则、标准和信念等。

我把我的理论叫做群体社会化理论,然而它不仅仅关注社会化,它还关注孩子成长的经历是如何塑造和改变他们的人格的,我要用该理论取代教养假设。

以上论述是否有说服力呢?

七

哈里斯的观点,简单地说,就是认为儿童身处的家庭以外的环境,包括社区和学校,尤其是他们所结交的同伴,这些因素对他们的人格形成及行为规范影响更大。

这个观点无疑是有一定道理的。虽然所谓"群体社会化理论"并非哈里斯首创,在许多教育家的著作里都可以找到类似的相关论述,但哈里斯重申环境对儿童人格的影响,这是没有错的。

在书中,作者用了大量的事例来证明,环境在一个人成长过程中的作用是多么重要。其实,无需这么繁琐的论证。中国早就有"近朱者赤,近墨者黑"的古训,而且还有"孟母三迁"的佳话,都证明了一个人身处的环境和他结交的人,将影响其人格。当今中国家长的"择校热",其实也不仅仅是对"应试"的选择,也是对"风气"的选择。

我尊敬的教育家苏霍姆林斯基在谈到儿童成长所接受的"六大教育力量"时,也把"学生集体"和"街头结交"列入其中。我在谈"学校教育是家庭教育不可缺少的重要补充"时,也特别谈到,儿童的成长还需要人际交往、团队合作,需要类似于社会环境的那样一种文化氛围和气息,于是学校为你的孩子提供这方面的资源和背景……

八

客观地说,家庭教育和环境(包括同伴)影响对儿童的人格形成都很重要,但二者的作用并非"半斤八两"。

许多心理学家和教育家的研究,无数普通父母的家庭教育实践,以及千千万万孩子的成长感受都证明,在孩子进入青春期之前,家庭教育对孩子的影响起决定性的作用。孩子进入青春期后,同伴的影响逐步增大,随着孩子年龄的继续增长,社群的影响渐渐增大,父母的影响渐渐减弱。

所以,龙应台说:"孩子在小的时候,父母对他们来说是万能的,是完全可以依靠的。这就是父母对孩子教育的黄金时期。等孩子一到了青少年时期,父母的'有效期限'就快到了。"

所以,同为台湾作家的张晓风感叹道:"母子一场,只能看作一把借来的琴弦，能弹多久，便弹多久，但借来的岁月毕竟是有其归还期限的。"

哈里斯在书中旁征博引，列举了许多"环境（同伴）影响人"的事例，但那主要是在父母教育"有效期"过了之后发生的。

你不能以青春期所受的影响力来覆盖幼年童年的成长，进而否定在青春期前孩子接受父母的影响。

而童年所受的教育的确是一个人成长的关键和基础。

九

为了避免读者误解，我不得不强调一下我要表达的观点——

纵观儿童的成长过程，家庭影响和环境影响都很重要，但不同的成长阶段二者各有侧重。大致以进入青春期为界，之前更多地受父母影响，但或多或少同样存在着环境影响；之后主要是来自同伴、社群和社会环境的影响，但父母的影响也同样存在。

许多家长都有体会，孩子读小学时特别乖，但进入高中后，"说什么他都不听了"。

然而，父母影响孩子，童年决定未来。无论是身体发育，还是精神成长，幼儿和少年时代来自父母的教养将影响其一生的发展。这是人成长的客观规律。

哈里斯说："孩子认同他们的同伴，并依据所在群体的行为规范来调整自己的行为，而群体对照是他们采取与其他群体不同的行为。"如果她指的是孩子某一阶段的成长，那么这话没错，但如果因此认为孩子的整个人格形成阶段都是这样，则大谬。

有人说："'孟母三迁'的故事，恰好证明了哈里斯社群影响胜过父母教养这个观点。"

其实不然。之所以要"三迁"，不还是"孟母"的自主抉择吗？这里的逻辑是，父母决定环境的选择，或者说对环境的选择体现了父母的教育智慧。

十

哈里斯特别看重遗传基因的作用。

她说:"如果父母对孩子真的有影响的话,那么对每一个孩子的影响是不一样的,因为一旦剔除共同基因的成分,你会发现即使是同一父母带大的孩子都不一样。"

在讲了许多同卵双生子的故事后,她说:"这些故事证明了基因的力量,说明基因使同卵双生子在人格特质方面有惊人的相似之处,即使他们的生活环境有天壤之别。"

哈里斯断言:"父母无法改变孩子与生俱来的人格,至少在孩子长大以后,看不出父母对孩子有什么影响。"

先天的基因是任何人都很难改变的,因此哈里斯强调基因对人格形成的作用是正确的。

不过,难以改变(当然也不是绝对不能改变)的是性格特征,比如外向或内敛、活泼或文静、喜笑或爱哭、健谈或寡言、敏捷或迟钝、多愁善感或豪放豁达、心思细密或粗心大意、柔顺温和或刚愎暴躁,等等。

而我们说的家庭教育针对的是孩子品质,即人的行为和作风所显示的思想、品性、认识等实质,也就是我们通常说的品德、修养、气质等。

一个人的性格更多是由基因决定的,其品质则更多由后天教养所致。

遗憾的是,哈里斯将先天性格和后天品质混为一谈,抹杀了二者的区别。

十一

哈里斯最"雄辩"的例证,就是双胞胎孩子被实验者放在两个完全不同的家庭里,两个孩子的行为习惯却有着惊人的相似性;而在同一家庭中,许多双胞胎孩子却表现出不同的人格。她由此认为,家庭教育对孩子的影响实在是微乎其微。

任何普遍性中都包括特殊性。体育锻炼有益健康，可季羡林的"三不养生法"的第一条就是"不锻炼"，他也活了近百岁；但一个或几个甚至几十个不锻炼而高寿的"季羡林"，并不能推翻"生命在于运动"的真理性。

哈里斯正犯了以偏概全的逻辑错误。

广元范家小学比较特殊。小学生们被动远离父母，想要"父母教养"都不可能。于是，"社群"便承担起教育的全部任务。

"父母教养"本身是一个中性的概念，既包括积极的教育，也包括消极的影响。范家小学的孩子们缺失了前者，但同时也避免了后者。

所以，无论如何，不能由此得出"家庭教育无用"的结论。

十二

当然，我也注意到哈里斯在书中有这么一句话——

请不要误会，我并没有低估母子关系的重要性，我认为早期关系很重要，它不仅对正常的社会发展起重要作用，对正常的大脑发育也起重要作用。

如果说读者有"误会"，那也是因为她更多的是这样的绝对的判断——

即使那些最赞成教养假设的人也承认青少年受父母的影响比较小，受朋友的影响比较大。

太武断了吧？所谓"那些最赞成教养假设的人"是哪些？有多少？在这里，别说数据，连例子作者都没举一个。

父母并不是孩子生活的全部，除了家庭环境之外，孩子还有其他的生活环境，这些环境对孩子来说可能更重要。

去掉最后一句话，这个观点当然是正确的。但一个"更"拉开了我和哈里斯的认识距离。"更重要"指的是什么时候?

父母无法改变孩子与生俱来的人格,至少在孩子长大以后,看不出父母对孩子有什么影响。

如果"孩子与生俱来的人格"指的是遗传基因引起的性格特征,那别说父母,任何人都无法改变。我们说的"人格"指的是后天通过教育而形成的品质。在这里,哈里斯的逻辑很不严密。
……

十三

"一个孩子的目标不是成为一个成功的成年人,孩子的目标就是成为一个成功的孩子。"孤立地看,这句话有道理,因为孩子正处在做梦的年龄,就让他做梦吧!平时我们常说的"把孩子当孩子"就是这个意思。

但孩子毕竟时刻处于成长中,每一秒钟都向着"成功的成年人"迈进,谁都阻挡不了孩子的成长。然而,我们却可以通过"教育"让孩子成长得更自然、更顺利、更健康。

因此,在一般情况下,父母自身的人格示范以及对孩子的主动引导,至关重要——尤其是在孩子成长的幼年期和童年期。孩子在这个阶段所受到的影响,将决定他渐渐进入社群后的价值判断和行为选择。

也就是说,社群影响其实或隐或显、或多或少也折射出家庭教育的"底色"。

换句话说,小学生进入中学后,和哪位同学做朋友,当然有着自然而然的环境影响,但也并不完全是纯粹地被动接受"偶然的相遇",而是有着自己的判断和选择。

不然,在同一个班里,为什么会呈现不同的"小圈子"呢?

因为"物以类聚,人以群分"。

十四

"我们以为自己可以让孩子成为我们理想中的人,这完全是一种错觉。放弃吧!孩子不是一张空白的画布,父母可以在上面描绘自己的梦想。"

这话没错,我也反对无视孩子心灵而强迫让他成为父母的"复制品"。但这和父母的人格教育是两码事。很遗憾,哈里斯在本书中多次混淆概念。

哈里斯明确表示,她希望"能让家长的压力小一些"——

人们认为对孩子有重要影响的事情,其实对孩子没有什么影响,父母有没有工作,读不读书,酗不酗酒,打不打架,结婚还是离婚,这些我们看来对孩子来说一定是很重要的事情,结果发现(对)他们的孩子没有什么影响。

有时候,优秀的父母不一定有好孩子,但这不是他们的错。

通常为了免除孩子的罪过,我们就将责任推到父母的身上。

我相信,那些"孩子不成器"的家长们读了哈里斯,感觉会非常爽。他们将如释重负——

原来并不是我没把孩子教育好,而是因为家庭以外的环境不好。

以前我总认为是自己的不对,现在看来不是,我对孩子的影响本来就不大。

我无需为孩子任何错误乃至将来的犯罪感到不安和自责!

……

如果有些父母这样想,那会是家长的悲哀。

如果所有家长这样想,那将是国家的灾难。

2019 年 11 月 10—17 日

第二辑

新教育实验的"路线图"

——读朱永新《新教育实验：为中国教育探路》

不少第一次听说"新教育"的人往往会疑问不断："为什么叫'新教育'？""'新教育'究竟'新'在何处？""你们搞的是'新教育'，难道我们搞的就是'旧教育'吗？"……

的确，无论是理念还是行动，新教育实验似乎了无新意——"营造书香校园"新吗？"为了一切的人，为了人的一切"新吗？"尊重学生的个性"新吗？"无限相信教师和学生的潜力"新吗？……其实都不新，都是中外教育家说过的。因此，"新教育"的理念其实并不新，它是古今中外无数教育家们倡导过甚至实践过的真理。

对此，新教育实验的发起人朱永新老师曾经这样回答——

当一些理念渐被遗忘，复又提起的时候，它就是新的；当一些理念只被人说，今被人做的时候，它就是新的；当一些理念由模糊走向清晰，由贫乏走向丰富的时候，它就是新的；当一些理念由旧时的背景运用到现在的背景去继承、去发扬、去创新的时候，它就是新的……

新教育人认为，就教育理念而言，关于"新教育"之"新"，并不是前所未有的"横空出世"，而是返朴归真和与时俱进。也就是说，今天所进行的"新教育实验"，是让教育回到起点，将过去无数教育家所憧憬的教育理想变成现实；但也不完全是一成不变地"复古"，而是根据当今时代的需要对有关理念赋予了新的含义并有了一些新的做法。

眼前这本朱永新老师的新著《新教育实验：为中国教育探路》便是对新教育之"新"最形象最生动的注释。

这是一本全面介绍新教育实验的通俗读物。说它"全面"，是因为作者从新教育实验的缘起、发展与愿景，谈到新教育的理念、精神与行动，特别是详尽介绍了新教育实验对教师专业成长的巨大作用以及新教育实验"十大行动"的具体做法，还有新教育实验区的形成与发展，新教育的社会评价等。说它"通俗"，是因为作者将新教育的哲学基础、心理学基础和伦理学基础这些看似抽象深奥的理论，融汇于生动而鲜活的案例中，让读者置身于新教育实验的一个个现场——校园、课堂、活动，并面对一个又一个新教育人——校长、教师、孩子及其父母……

本书向读者展示了一个个"有思想的行动"和"有行动的思想"，这或许就是"新教育风景"的独特之处吧。

比如，从郭明晓老师的身上，我们可以看到一个有理想的教师一旦邂逅并痴迷新教育，会迸发出怎样的能量，并辐射出何等的影响力。郭老师的网名是"飓风"，因为参与新教育实验，她的内心深处果真掀起了"飓风"一般的新教育风暴，并影响了她周围的教育：缔造完美教室，组织"晨诵、午读、暮省"，排练童话剧，与孩子的父母写信交流，还有不停地阅读、思考、写作……正是新教育实验，让快要退休的她迎来了自己教育的第二个青春。

又如敖双英，这位湖南省桃源县海拔1000多米高的山坡上的一位山村教师，2007年，偶然在网上发现了新教育实验后，便一头扎了进去，从营造书香班级开始，进行了她一个人的新教育实验。为了让孩子们也能够通过网络享受新教育的课程，敖老师自费花两千多元钱在教室里装了网络。网络通了，小小的教室变得无比辽阔，课程比过去丰富了。后来敖老师也尝试开发课程，家乡的一草一木、花鸟虫鱼等，都是最鲜活的素材。再后来，敖双英成了新教育的榜样教师，影响了更多的人加入新教育。敖双英老师说："通过新教育，孩子们享受了不一样的学校生活，我也享受着自己不断成长的喜悦！"

对于新教育实验来说，郭明晓和敖双英绝不是特殊的个案。在《新教育实验：为中国教育探路》一书中，朱永新老师还讲了许多新教育榜样教师的故事：王桂香、张遵香、俞玉萍、宋新菊……而这些名字也远远没有穷尽所有因新教育而走向卓越与幸福的老师的人数。"只凭一个简单的信号／集合起星星、紫云英和蝈蝈的队伍／向没有被污染的远方／出发……"当年诗人舒婷写下的这几句诗，恰好可以成为今天浩浩荡荡新教育队伍的写照。没有任何行政指令，却有那么多的一线教师心甘情愿地"卷入"了新教育实验，这是为什么？敖双英老师说："通过新教育，孩子们享受了不一样的学校生活，我也享受着自己不断成长的喜悦！"这就是答案。

当然，教育需要理想与激情，需要思想与理念，但更需要路径、方法和行动，否则再好的教育构想都永远只是停留于"宏伟蓝图"之上。新教育实验的魅力在于它是植根于田野的行动，是具有可操作性的实践。因此，本书不只是新教育老师的成长故事集，还是一本"新教育实验"的通识普及读物。对于想参与新教育实验的老师来说，本书提供了操作的指南：什么是"书香校园"以及如何"营造书香校园"？什么是"理想课堂"以及如何"构建理想课堂"？什么是"完美教室"以及如何"缔造完美教室"？什么是"卓越课程"以及如何"研发卓越课程"？……对新教育实验的"十大行动"，朱永新老师都作了详尽的介绍，并提供了有效的案例和范本。从这个意义上说，《新教育实验：为中国教育探路》是一本新教育实验的"路线图"。

徐峰先生在为本书所写序言的结尾说，希望有一天，新教育不再是民间行为，而成为国家意志，那时候"新教育"就应该更名了，叫"中国教育"。对此，我略有不同看法。我们新教育人所做的一切，都是教育本来应该做的。因此从某种意义上说，新教育实验的一切努力就是消灭"新教育"这个概念——如果有一天，中国大地，不再有"新教育"，也不再有这个"教育"那个"教育"，所有教育的定语都消失了，只剩下"教育"，那么，中国教育的强盛时代便到来了。

这也许才是新教育实验真正的意义。

2017 年 10 月 11 日

"让他们真正地成为更好的自己"

——读朱永新《教育：创造无限可能》

有人说："无限相信教育的力量。"有人说："教育不是万能的。"

这两个似乎都有道理却又彼此矛盾的命题，在朱永新老师主编的新作里得到了统一——"教育：创造无限可能"。

既强调了教育的无限力量，又没有把话说绝对。

在本书的序言中，朱老师这样写道："我一直认为，人的潜力是巨大的，每个人来到这个世界上的时候，都被赋予了成功的潜能和无限发展的可能；每个人都应该而且可能做到最优秀、最卓越。这就是古人经常说的'人皆可成尧舜'。世无弃人，只有自弃之人；世无完人，每个人都应该努力接近完美。所以，教育最重要的事情，就是要相信孩子与学生，相信他们每一个人都能够书写自己的精彩；就是要发现孩子与学生，发现他们的潜能与个性，让他们真正地成为更好的自己。"

也许有人会不以为然，以为这不过是"专家"的"纸上谈兵"。不，本书并不是一本理论著作，作者不是用雄辩的道理而是以大量真实生动的教育故事告诉读者，教育的确能够创造无限的可能。

本书所呈现的故事分为三类：

一是教师具有突破自我的可能：用生命铸就辉煌的孙维刚老师、用心成就教育奇迹的刘京海校长、腹有诗书气自华的苏静老师、拒绝当教育部长的马文·柯林斯老师……二是学校具有超常发展的可能：清华附小的"成志教育"、十一学校的"学生舞台"、人大附中的"加速时代"……三是家庭具有创造奇迹的可能：张海迪的家庭教育、爱迪生的成长道路、卡尔·威特的早期教育、王淑贞的"教子经"……

这三种"可能"最终决定了教育对象——孩子发展、成长和未来的无限可能。

其实，哪里仅仅是书中所讲的这些有限的故事，更有中国无数的学校与家庭，用千千万万个个性成长、无限发展的孩子（当然不只是考上清华北大的"状元"）的故事，证明了教育的确可以创造无限的可能。

2000年秋天，我有幸追随朱永新老师学习，见证并参与了他发起的新教育实验。20年过去了，蓬勃发展的新教育实验正在把朱永新老师一个基本的教育理念——无限相信教师、学生及其父母的潜力，即"人"的潜力——变成现实。正是基于"无限相信"的努力，一个又一个的教育奇迹诞生于新教育实验的区域、学校和新教育人的身上：山西绛县山坡上的一间间教室、湖北随县田野里的一座座校园、年过半百的"青春偶像"郭明晓、深情看着孩子成长的吴樱花、沉浸于百合班幸福的俞玉萍、重燃教育理想与激情的王兮……

教师的改变带来了学生的改变，教育的奇迹，正是诞生于教育者"无限相信"的信念与努力之中。

教育，是一个说不尽的话题，围绕教育的争论也从来就没有中断过。有的人说起中国教育就摇头，而且直指"体制"。我也认为，中国教育问题很多，而且很多问题的确有待于教育体制的深入改革。但这不能成为我们推卸自己责任的理由。因为无论怎样的教育体制和教育理念，我们所憧憬的理想的教育，最终都得靠每天站在讲台上的一个个具体的教师来实现。正如苏霍姆林斯基所说："人只能靠人来建树。"

对于教师来说，除了爱心和专业素养，最重要的就是教育信念，核心是对人的潜力的无限相信。而"要相信孩子"（苏霍姆林斯基），应该成为每一个真正的老师最重要的教育信念。

2009年的美国年度教师托尼·马伦的获奖感言让我特别感动——

最优秀的教师有一个共同的品质：他们知道如何读懂故事。他们知道走进教室大门的每一个孩子都有一个独一无二、引人入胜，但没有完成的故事。真正优秀的教师能够读懂孩子的故事，而且能够抓住不平常的机会帮助作者创作故事。真正优秀的教师知道如何把信心与成功写入故事中，他们知道如何编辑错误，他们希望帮助作者实现一个完美结局。

看，在托尼·马伦的眼中，每一个孩子都是一个"独一无二、引人入胜，但没有完成的故事"，这就是他心中的"无限可能"，而让每一个故事都有一个"完美结局"，正是教师的使命。

我由此产生联想，所谓"没有完成的故事"，也就是孩子生命的河流。作为教师，每天都置身于孩子生命的河流，也就走进了孩子的故事。每一个孩子的故事如河水一样不可倒流，而且每一天的风景都不可预知——或令人欣慰，或令人惊叹。故事的创作者是孩子，但编辑是教师。如托尼·马伦所说，教师帮助孩子"把信心与成功写入故事中"，为孩子"编辑错误"，并"帮助作者实现一个完美结局"。孩子个性与禀赋的千差万别，决定了每一个"完美结局"都绝不雷同。

"你的教鞭下有瓦特，你的冷眼里有牛顿，你的讥笑中有爱迪生。"几乎所有师范生都熟知陶行知这句话。但不少老师都只将它当作教育名言在文章里引用，而可能没有意识到，未来的瓦特、牛顿和爱迪生，的确就诞生于我们每天所面对的孩子中。

也正因为每一个孩子都有着无限的可能性，教育者也多了一份"战战兢兢"，因为稍有不慎，我们都将毁掉独属于这个孩子未来的一份辉煌。

我再次想到苏霍姆林斯基的话——

教育的实质就在于使一个人努力在某件事件上表现自己，表现出自己的优点来。在某种好的东西中来认识自己——善于支持人的这种高尚的志向是多么重要啊！教育者往往在那么长久而痛苦地寻找的那种自我教育的强大推动力，不是就在这里吗？应当在心理学讨论会上提出这个问题：人的表现问题。……怎样才能做到，使人尽量地努力在好的方面表现自己呢？我深信，一个人想在某个好的方面表现自己的愿望越深刻、越诚挚，他在内心对自我纪律的要求就越高，他对自己身上不好的东西就越加不肯妥协。

是的，"使一个人努力在某件事件上表现自己，表现出自己的优点来"，这就是真正的教育。

所以，"教育创造无限可能"是一个已经不需要论证的常识，将这个几乎已经被许多教育人遗忘的常识重新拾起，注入我们现在每一天的教育实践乃至教育细节中，或许是中国教育回归正轨的开始。

这正是这本《教育：创造无限可能》的意义所在。

2020 年 7 月 18 日写于病床上

中国教育依然需要"面向世界"

——读黄全愈"素质教育在美国"系列丛书

如果一本教育著作能够畅销 18 年而不衰,这说明什么?答案只有一个:这本书针对的教育难题依然存在,作者的观点依然有着现实指导性。

如果我们再追问,18 年过后相同的教育难题依然没变,这又说明什么?答案也只有一个:中国教育依然任重道远。

在中国,"素质教育"的说法正渐渐被"核心素养教育"所取代,但素质教育依然不敢说获得了全面的成功,我们一直对现实教育不满意,我们一直在探索理想的教育。也许当年为《素质教育在美国》激动的教师有的都已经退休了,也许当年读《素质教育在美国》的孩子有的现在已经是中年教师了,可"素质教育在中国"依然是我们的追求。这就是《素质教育在美国》至今畅销的原因。

当然不能说,今天的中国教育依然原封不动地停留在 2000 年。事实上,无论是课程设置,还是教学改革,以及评价体系,中国的基础教育在内容和形式上都进行了卓有成效的改革。以人为本、尊重个性、因材施教、注重创新、全面发展……这些理念已经深入人心,并或多或少地成了每一间教室里实实在在的教育现实。和 2000 年比,我们离素质教育的目标是更近了而不是更远了。

但我们也不能不看到,应试教育的巨大惯性依然还拖累着素质教育翱翔的翅膀——其他不说,就说现在全国中小学生的课业负担依然不亚于 2000

年的沉重吧！现在中小学生的睡眠时间普遍不够，这就足以让许多学校在各种"迎检"时展示的"素质教育累累硕果"失去分量，更说明素质教育依然没有完成其神圣的使命。更何况，最近公开为"应试教育"大唱赞歌的言论多了起来，而且发声者中还有不少是教育行政部门的领导。这让我想到当年鲁迅所言："可惜中国太难改变了，即使搬动一张桌子，改装一个火炉，几乎也要血；而且即使有了血，也未必一定能搬动，能改装。"

正是这一切，让《素质教育在美国》有了浩浩荡荡而又源源不断的读者队伍——教师、家长、孩子以及一切关心中国教育的人，都希望从书中找到可资借鉴的教育理念与方法。

坦率地说，《素质教育在美国》这本书的名字就很"诡异"，因为美国根本就没有"素质教育"这个"中国概念"。毫无疑问，作者是站在中国视角去看美国教育而写出的这本书。是的，《素质教育在美国》写的是美国教育，但它又是写的中国教育，是分明写给中国读者的，因为书中的每一个观点，每一个案例，都让我们读到了美国教育的"反面"，即中国教育的"正面"——教师中心、知识本位、分数至上、齐头并进、异口同声、千人一面、畸形发展、迷信书本、膜拜权威……这些我们中国师生所熟悉的"常态"却在美国行不通。美国课堂上自然而然呈现出的民主、平等、尊重、个性化、创造性、因材施教、研究性学习……这些不正是我们中国课堂上曾经所缺乏（而且至今在中国不少课堂上依然缺乏）的吗？同时这些不也是我们所倡导的"素质教育"吗？

当然，也许在美国并不是每一个课堂都是如此充满"尊重""平等""个性"……在多元化的社会，要找一些例外是不难的，但至少大多数美国课堂是比较民主和自由的。这应该是不争的事实吧？

令人忧虑的是，至今还有中国人陶醉在所谓"中国基础教育优于美国"的幻觉中，把中国中小学教育"应试教育"的种种弊端当作"中国基础教育"的"优势"，甚至把"中国教材走红英国"当作"中国基础教育领先世界"之"证明"。

对此，我和黄全愈教授有过交流。我俩其实只见过两次，却一见如故，相见恨晚,俨然是铁哥们儿。我们谈起中美教育的比较,共识颇多。我说:"许多中国人所谓的'中国基础教育强,高等教育弱;而美国基础教育弱,高等教育强',是不对的。虽然我并没有在美国长期生活过,但凭着起码的逻辑思维我就想不通,既然基础教育不好,人家为什么培养出那么多的创造型人才?我们的基础教育好,为什么我们高端的创新型人才那么少?如果一定要说中国基础教育强,那么这个基础拿来有什么用?"

黄全愈教授同意我的观点:"你说得对。关键是,这个基础是什么?美国培养出那么多的高端人才,没有扎实的基础显然是不可能的。就像一座大厦,怎么可能凭空建造在基础很弱的沙滩上?"

我说:"是呀!说中国学生的基础很扎实,无非就是死记硬背了许多知识,如果这些知识无益于创造,又有什么意义呢?"

他当时问我去过美国没有,我说:"去过,但待的时间很短,在马里兰大学学习过一个月。"

他颇为惊讶:"你太让我感叹了,我在美国生活了30年,你去美国只待了30天,可对美国教育的判断,我们却惊人一致。"他调侃道:"我算白来美国30年了!"

我说:"我只是凭常识判断而已。"

的确是"常识"。有时候当我们津津乐道于教育的"新思维""新理念""新模式"时,我们的教育却远离了常识。而黄全愈教授不停地对教育进行剖析与批判,很多时候正是基于常识的思考。

是的,黄全愈的教育关注并没有止步于2000年。18年来,他继续他的教育研究、比较与探索,一直往来于中美之间,不断地在用"美国视角"观察中国教育的同时,也用"中国视角"打量美国教育。换句话说,因为他"美籍华人"的身份,他对教育的理解便既基于"中国的大脑",也源于"美国的眼睛"——他立足于中国立场,打量美国教育中有哪些是值得中国教育学习的;他置身于美国校园,思考中国教育的改革与前进需要怎样的"他山之石"。这双重身份也让他的文字表达既有中国式的严谨与灵动,也有美国式的率性与幽默。于是,当年的《素质教育在美国》由一本书变成了一套系列丛书，除了《素质教育在美国（修订本）》，还有《素质教育在美国2：这样教育孩子更有效》《素质教育在美国3：玩的教育》《素质教育在美国4：智慧孩子是怎么炼成的》《素质教育在美国5：走出家庭教育的误区》《素质教育在美国6：你也能够上哈佛》《素质教育在美国7：放开孩子的手》《素质教育在美国8：我们是怎样把孩子教傻的》……

黄全愈在书中给我们打开了一扇窗户，让我们的教育观念一次次被刷新，或者说，头脑中的"传统教育观念"一次次被颠覆——

创造性只能培养，不能"教"。创造性就像种子一样，它需要一定的环境：包括土壤、气候、科学的灌溉、施肥、培养，才能发芽、生根、开花、结果。教育工作者就是要去创造这样一种适合培养学生创造性的环境。

智商极高的学生可以获得国际奥林匹克知识竞赛奖，但是唯有创造力极强的人才具备获得诺贝尔奖的前提。

正是"为了孩子的未来"这种美丽的口号，限制了孩子的自由空间，阻断了孩子的自由梦想。为什么我们不能往后让一让，给孩子留出一个自由的空间，给他们一双属于他们自己的翅膀，让他们享受一下高空自由翱翔的乐趣，体验一下俯视万物众生的快感？

天赋高的孩子就像一辆性能良好、载重量又大的汽车。我们的初级教育是应该往车厢里添加货物增加重量，还是应该往油箱里加油？

没有大道理的说教，也没有苦口婆心的政治思想工作。孩子在游戏和运动中，"实践"人与人交往的最基本法则：和谐相处和团队精神。

尽管美国的天赋教育有些五花八门，但我认为其精髓，最能代表美国天赋教育（甚至美国基础教育）的是以唤醒自我意识，在完善社会化的过程中使"人"得以成熟的"自我教育"。

很多时候，让孩子有目的地去"学"什么东西，不一定是素质教育；反而是在日常生活中，保护孩子的好奇心和探索精神，鼓励孩子发表自己的见解，让孩子有广泛的兴趣，让孩子保持自己的爱好，等等，恰恰是在实施素质教育。

在美国的校园里,没有观点的对错,只有观点的不同,于是,才有师生间平等的争论。

　　……

　　但本书的精彩不仅仅在于观点的冲击力,还有写法的独特性,即夹叙夹议,观点与叙事融为一体,于娓娓道来的故事中让人豁然开朗,在妙趣横生的调侃中令人醍醐灌顶。黄全愈特别善于从一些司空见惯的生活现象中发现其蕴含的教育意味。比如,他从自己第一次去办签证时发现签证官是用左手写字,想到了人的四种行为模式,进而又想到中国素质教育的盲区;又如,他从美国孩子可以对长辈甚至自己的父母直呼其名,引出一个问题——"长辈是不是孩子的朋友?",进而谈到教育的尊重与平等;再如,他从8岁的儿子被要求写"研究论文",谈到做研究就是培养孩子独立思考的能力,也是培养孩子发现问题和解决问题的能力,这就是素质教育……

　　黄全愈先生并非纸上谈兵,素质教育对于他来说,绝不只是一种理念,而是行为。因为他既是教师,也是家长。作为教师,他亲历了"素质教育在美国";作为家长,他的儿子便是其素质教育的硕果。这套书有好几本都涉及家庭中的素质教育,还有两本是其儿子矿矿写的《我在美国读初中》和《我在美国读高中》。但我宁愿相信,黄全愈对孩子的培养,与其说是"教育",不如说是"影响",因为教育本身更多的时候就是一种影响,是一种感染,是一种引领,是一种示范……所谓"一棵树摇动另一棵树,一朵云推动另一朵云,一个灵魂唤醒另一个灵魂"。所以我说过:什么叫素质教育?高素质的老师所实施的教育就是"素质教育"。苏霍姆林斯基说:"人只有靠人来建树。"所以素质当然只有靠素质来培养。比如,创造性品质源于旺盛的好奇心、丰富的想象力和敏锐的批判性思维,而黄全愈正是具备了这些素质:因为他有好奇心,所以能够从别人司空见惯的地方发现教育的蕴意。因为他有想象力,所以能够从大千世界看似毫无关系的诸多现象中发现其内在的联系,而且这个"联系"的纽带正是"教育"。因为他有批判性思维,所以他能够反弹琵琶,针对"教,是为了不需要教"这句名言,提出"不教,是为了需要教"；去年，他还在《中国青年报》上公开发表文章，质疑"核心素养"这个概念……我们也许不完全同意他的观点，但批判性思维本身就是创造的起点，这正是中国素质教育最缺乏的"素质"之一。

美国教育当然不是什么都好，美国教育也问题多多；中国教育也不是一无是处，中国教育也确有优于美国的地方。但今天我们不是在讨论中美教育谁优谁劣，而是在讨论美国教育中有哪些可贵的是我们的教育所缺乏的，或者说美国教育有哪些是需要我们学习的，我们应该向包括美国在内的世界教育学什么、怎么学。我们承认我们的教育有不足，但我们不必妄自菲薄。改革开放近40年来，中国教育取得了令世界瞩目的辉煌成就，而取得这些成就的重要原因，我觉得恰恰归功于当年邓小平同志关于"三个面向"的题词："教育要面向现代化，面向世界，面向未来！"在今天，"三个面向"并未过时，尤其是"面向世界"，我认为依然应该是中国教育发展的战略选择之一。

这便是"素质教育在美国"这套丛书，对于今天中国读者乃至中国教育的意义所在。

2017年10月8日

附记：

本文初稿写好后，我先给身边几位朋友看。其中有一位朋友提出了不同看法——

黄教授书中所写的美国课堂是否以偏概全？美国所有的课堂都是这样的吗？美国难道就没有不民主的课堂吗？普利策奖得主弗兰克·迈考特所著的《教书匠》，讲述了他从教30年的苦涩与甘甜。这本书从这位获得过全美最佳教师奖的教师视角来看美国中小学教育，就有很多不同的切面。

我把这个意见转给全愈。他回复我——

我的书当然是我的"个人观点"，关键不是看是不是"个人观点"，而是看这个"个人观点"是否反映了历史的真实和社会的价值；我的观察对象可不只是美国的个别学校——矿矿（上大学前）在美国共上了六所学校，包括公立和私立，因此，我书里阐述的现象和特点，既涉及公立也包括私立。美国当然也有不民主的教师，矿矿的《我在美国读初中》的台湾版本的书名是《我的七个美国老师》，其中一位是上自然科学课的斯小姐（《素质教育在美国》里也提到一点，可用word文档的搜索功能搜"自然科学课老师"），她可能是那位朋友所指的美国老师。这是千千万万美国老师中的极端例子。虽然她对矿矿的伤害很大，但并不影响我们对美国教育的认识。因为她代表不了美国教师。同样，不能因为中国有个"李镇西"，中国实行的就不是"应试教育"。这个世界上让我佩服的人不多，我的博士论文指导教授是一个，但他是美国教育界中强烈批判美国教育的代表人物（如果不说一面旗帜）。我俩的观点针锋相对，但这并不妨碍我成为他又爱又"恨"的得意门生。这不恰恰印证了您所列的民主、平等、尊重等美国教育的特点吗？美国是个民主的社会，说啥都行。甚至有人提倡学"虎妈"搞"应试教育"。美国鼓励这些人去唱衰美国，使美国人感觉自己处于危机中，从而不断反思、不断奋进！有些普利策奖获得者，喜欢剑走偏锋。2013年，《纽约时报》的专栏作家、普利策奖获得者托马斯·弗里德曼（Thomas Friedman），在上海学生打破PISA的世界纪录以后，写了一篇文章《上海的秘密》。我觉得这才是误导人的"个人观点"，因此我在美国的媒体上进行了反驳。

告诉你一个更加立体的苏霍姆林斯基

——读吴盘生《追寻的脚步——结缘苏霍姆林斯基教育思想》

1988年底，我收到了远方寄来的一本译著《中小学集体教育学概论》。这是一本介绍苏联中小学班级教育的著作，寄书人也是翻译者："吴盘生"。当时我对这个名字很陌生，在此之前从未与吴老师有过任何形式的交往，但吴老师在来信中说，他关注着我当时在报刊发表的一些文章，觉得我和他有着共同的教育情怀，便把自己刚刚出版的译作寄赠给我"指正"。

一个刚参加教育工作几年的小伙子，哪敢"指正"专家的大作？但对吴盘生老师的感激之情，无论是当时还是现在，我都难以言表。从此我和吴老师成了忘年交，他时不时通过书信对我进行指导和鼓励。1997年写《爱心与教育》时，我在后记中列了一长串对我成长有过重要帮助因而我必须感谢的人的名单，吴盘生老师是其中之一。而当时，我们还没见过面。

在吴老师给我寄书十年后的1998年11月，我在北京"纪念苏霍姆林斯基八十诞辰国际学术研讨会"上，第一次见到了吴老师。由他担任翻译，我和苏霍姆林斯基的女儿进行了简单的交流，正是通过吴老师的翻译，我听到了卡娅对我的鼓励："您是中国的苏霍姆林斯基式的教师"；还听到了她想收我为研究生的想法，卡娅说："我想把您培养成中国的苏霍姆林斯基。"虽然后来由于种种原因我并没有成为卡娅的学生，但她这份情谊我一直记着。可以说，在中国有两位专家是我和卡娅联系的"纽带"，也是我走近苏霍姆林斯基的"捷径"：一位是北师大的肖甦教授，一位便是吴盘生老师。

最近一次通过吴盘生老师近距离感受苏霍姆林斯基，是前天——2016年12月23日，从成都到哈尔滨的飞机上，我一口气读完了吴老师的新著《追寻的脚步——结缘苏霍姆林斯基教育思想》。苏霍姆林斯基教育思想传到中国30多年来，这位教育家的著作和有关他的著作已经很多很多了。但我认为这本《追寻的脚步》有着不可替代的独特价值。

作者既是教育者，又是外交官，还是翻译家。吴盘生老师曾经在中学任教，熟悉基础教育，且经验丰富；后来到教科所工作，有着比较扎实的理论功底，研究能力自不必说；再后来又被调到中国驻乌克兰大使馆担任一等秘书和办公室主任，有着开阔的国际视野；翻译了包括苏霍姆林斯基文章在内的许多乌克兰和俄罗斯教育论著。多年来，吴盘生老师一直穿梭于中国、乌克兰、俄罗斯之间，多次访问苏霍姆林斯基家人，并和他们结下了深厚的友谊。吴老师长期研究苏霍姆林斯基教育思想，是国内著名的苏霍姆林斯基教育思想研究专家之一。他现任中国陶行知研究会苏霍姆林斯基研究专业委员会主任、"中国－乌克兰"文化教育交流中心主任、乌克兰驻上海总领馆文化教育名誉顾问。

这样一位有着独特优势和视角的学者写出的苏霍姆林斯基，自然非同一般。吴老师在书中以自己的亲身经历为线索，生动而详实地记述了自己拜访苏霍姆林斯基夫人、结识苏霍姆林斯基儿子和女儿的全过程，以及他八次参观考察巴甫雷什中学的经过，还有他请教被公认为"译介苏霍姆林斯基第一人"的杜殿坤教授的情景，他和乌克兰教育部部长、教科院院长克列缅先生以及苏霍姆林斯基的学生伦达克女士等人的畅谈……通过这一切夹叙夹议的记录，吴盘生老师给我们展示了一个更加生动丰满的苏霍姆林斯基。

巴甫雷什中学退休教师、苏霍姆林斯基的夫人安娜·伊凡诺夫娜说："1970年8月中旬，新学年开始前，他的健康状况严重恶化。8月下旬，他想坚持工作一会儿，但写作时常常连笔都拿不住了，坚持不下去了，才不得不进了区医院。他在昏迷时常呻吟着反复念道：'真正的人——多么峻峭的山啊……'这是乌克兰著名女诗人列霞·乌克兰英卡的诗句。醒来时，他几次嘱咐我：'安娜，千万当心，别把我写的东西弄丢了……'这就是他遗言。"

机械工程师、苏霍姆林斯基的儿子谢尔盖说:"如果有人问我一生中最大的财富是什么,我会脱口而出:父亲写给我的信! ……家信是父母与子女间以书面语言为工具而展开情感交流的最好纽带,是父辈传递人生价值和处世经验的重要方式,是相互间交流生活感悟的良好渠道。家信是家庭文化的主要内容,是家庭价值判断的承继渠道,是家庭文化水准的显示标尺。"

乌克兰教育科学院院士、苏霍姆林斯基的女儿卡娅说:"我父亲……突破了苏维埃教育学那千篇一律的刻板教条,以自己独有的教育主张的内在本质、概念范畴、研究态度等,构建了发展个性及培养新人的全新的教育学话语体系;他主张教育应当给予学生选择的自由,培养学生意志的自由,提倡学生作自我评价,从而确认每个孩子个性的不可重复性等,他把'自由'的旗帜亮了出来,并与对义务、责任的培养结合起来;他提倡回归到人性之本,以人为目的,从实践出发,独立思考;在有关集体教育等重大教育观点方面撰文,他指名道姓地批评马卡连柯,……宣传教育的人道主义,主张教师应当用自己的头脑思考,决不可人云亦云。凡此种种,苏霍姆林斯基以自己睿智的思考和过人的胆略,走上了创新之路。他的这些突破性创新,冲击了苏维埃经典教育学的伤疤,他超乎常人的见解和决不妥协的性格,得罪了势力庞大的保守阵营。于是,就不可避免地产生了冲突。就是这种冲突和斗争,耗费了他的大量精力,也成了他英年早逝的重要原因。"

乌克兰教育部部长兼乌克兰教育科学院院长克列缅说:"苏霍姆林斯基是位思想十分超前的伟大的教育家,30年过去了,他的教育主张不仅没有过时,而且对当前的教育实践和教育科学研究仍然具有指导意义,对教育沿着人类文明方向发展具有指导意义。从哲学角度审视,他的高明之处就在于,能深刻认识教育的本质,突出人的价值,提出了'教育学是人学'的观点,举起了人道主义教育的大旗,这在当时的政治环境下是非常不容易的。"

俄罗斯著名学者、奥伦堡国立师范大学伦达克教授,曾是苏霍姆林斯基的学生,后来又成了苏霍姆林斯基的同事,她深情回忆自己第一天走进巴甫雷什中学的情景:"那天早上,我到校比较早,因为刚转学进入新学校,升入二年级,所以非常兴奋。我在校门口向校长问好时,他马上叫住了我,领我去他的校长办公室。走进校长办公室，我立即看到，他的办公桌上堆了好几叠本子，两侧靠墙立着很大很大的书橱，里面摆满了各种书籍，好多好多。校长让我坐下后对我说：'瓦莉娅（伦达克教授的爱称）！我一看就知道，你是个好孩子。欢迎你进入咱们的巴甫雷什中学，成为这个大家庭的一员！今天新学年开始，你将进入一个新的班集体。你们的班主任叫玛莉娅·尼古拉耶芙娜，她是位漂亮、和善、聪明、善于关心人的好老师，你一定会喜欢她的。'我记得那天校长对我的态度非常和蔼，充满信任，好像是在与我商量进入那个新班级的事似的。由于谈话的气氛很好，我原来有的紧张情绪便马上消失了。我高兴地答道：'好的！听到您的安排，我非常高兴。'校长接着微笑地说：'好孩子！希望你到新班级里后好好与其他同学交朋友，发扬你的优点，开开心心地学习，做个好学生！'我说：'好！'上课前，校长搀起我的小手，走出校长办公室，领我去新班级了。"

伦达克在巴甫雷什中学读了11年书，正是苏霍姆林斯基让她改变了原来想当飞行员的志向，报考了师范学院，毕业后又回到了巴甫雷什中学，成为老校长的同事。她回忆起有一年的新年晚会："新年舞会开始后，我跳了一支舞曲。跳舞时我总想着：校长干什么去了。随后我就悄悄离开了舞会，不由自主地来到校长办公室窗前，想看个究竟。站在窗前，我听到了不时传出的校长的干咳，看到了那灯光在窗玻璃上投下的半身人影，校长低着头，在奋笔疾书哪！辞旧迎新之夜，我站在校长工作室窗外，听着校长的咳嗽声，看着校长低头工作的投影，我被深深地震撼了，我的心开始颤抖了，眼泪不知不觉流了下来。此情此景，令我终生难忘！是啊，校长惜时如金！他就这样挺着瘦弱的身体，努力挤出分分秒秒，全身心地为教育贡献着自己的生命！"

没有了苏霍姆林斯基的巴甫雷什中学是怎样的情景？《追寻的脚步》告诉我们，今天的巴甫雷什中学依然有着森林的美丽和花园的芬芳，低年级的孩子依然没有分数的压力，"蓝天下的课堂""到大自然去上课""思维旅行"依然搞得有声有色，"第二大纲""培养公民"依然富有生命力，同时，在市场经济和互联网时代，学校与时俱进，大胆创新，同样成绩斐然，依然保持着世界名校的魅力。

借着吴盘生老师的眼睛，我们可以走进苏霍姆林斯基纪念馆，看到卫国战争中年轻的苏霍姆林斯基是怎样浴血战场的：1941年6月22日，德国法西斯匪徒悍然向苏联发动闪电式进攻，苏联卫国战争爆发了。那时，苏霍姆林斯基正在区政府所在地奥努夫里耶夫卡中学任教导主任，兼乌克兰语言文学课。7月底，他告别了怀孕不久的爱妻薇拉，毅然投笔从戎。1942年2月9日，在莫斯科西郊的勒热夫城下的激烈战斗中，苏霍姆林斯基身受数处重伤，浑身鲜血，在零下25℃的冰天雪地里，与大地凝成一体，昏迷过去，与牺牲了的同志们躺在一起。一位英勇的战地护士见他尚存一息，十分费力地把他从许多战士的遗体里抢救出来。

在书中，我们还能听到乌克兰教育科学院副院长萨芙琴科教授对当今中国教育真诚而直率的批评："我们参观你们的学校，有时到了下午4:30以后，甚至是傍晚，看到学生还在教室里，教室里灯火通明。而且，学生放学时背的书包很大很重，学生的学业负担是不是过重了？学生们每天有多少自由支配的时间啊？苏霍姆林斯基对减轻学生负担，给学生以自由支配时间是很关注的。没有自由支配时间，怎么可能谈得上自我学习、自我发展呢？我们参观有些学校，总感到有些不协调的现象：如教室设备比较现代化，但教师的穿着很随便，学生的衣着也是皱巴巴的，小脸灰灰的；又如会议室或接待室的家具很高档，但摆放的花盆却是劣质的塑料盆，甚至盆中的花卉也明显缺水、枯黄……苏霍姆林斯基说过，应当对学校的美学环境非常重视，让一切都显得协调、和谐。"

……

这样的关于苏霍姆林斯基的评价，这样的关于苏霍姆林斯基的故事，这样的关于巴甫雷什中学今天的状况，这样的关于对中国当前教育弊端的批评……在苏霍姆林斯基本人的著作中，我们显然是读不到的。

我听过一些教育专家对苏霍姆林斯基"不屑"的言论："不系统""缺乏理论性""没有严密的理论体系""显然过时了""最多不过是一个教育实践家"……但是，苏霍姆林斯基的著作自上世纪80年代初传入中国后，30多年来，在没有任何行政命令和"专家引领"的情况下，全中国无数中小学一线教师迷上了苏霍姆林斯基。这不仅仅是因为苏霍姆林斯基的文字通俗易懂，且充满情感与诗意，还因为他的思想和实践紧贴着大地——用今天中国比较"时尚"的话来说，叫"接地气"。而且，苏霍姆林斯基的思想在今天依然鲜活。因为他在教育理论上的原创性建树不但是卓越的，而且是超前的。他关于人的价值的尊重，关于个性发展，关于创造能力培养，关于学校、家庭、社会三者教育合力的形成，关于公民教育，关于劳动教育等理论，至今还有着现实的指导意义。我们今天津津乐道的"研究性学习""职业技术教育"等话题，都可以在苏霍姆林斯基的书中找到精辟的论述。

今天，读完吴盘生老师的《追寻的脚步》，我感到以前自以为已经非常熟悉的苏霍姆林斯基更加亲切了。我急切地想让所有苏霍姆林斯基的追随者也重新认识这位更加生动丰满的教育家，因此，我愿意向全国的教育同行推荐吴盘生老师这部著作。

最后，我以九年前参观了巴甫雷什中学后写下的一段话，结束我这篇已经够长的文字——

尽管中国不是苏联，我们所处的时代与苏霍姆林斯基所处的年代也有很多不同，但是，教育的人道、人情和人性是跨越民族的共同追求，人的发展和人的幸福是超越时空的永恒主题。只要人类存在一天，教育就会薪火不灭；而只要教育不消失，苏霍姆林斯基的魅力就不会衰退。对我而言，追随苏霍姆林斯基是没有止境的"神圣之旅"。虽然教育之路荆棘丛生，但只要行囊中有苏霍姆林斯基的著作，我们就永远不会孤独。

2016年12月25日于哈尔滨至成都的航班上

假如杨贵妃今天想吃鲜荔枝

——读檀传宝《你不全知道的劳动世界》

说到劳动，我们也许会想到"锄禾日当午，汗滴禾下土"，或"石油工人一声吼，地球也要抖三抖"，可是你知道现在还有哪些新的劳动岗位吗？

2020年2月，人力资源社会保障部等有关部门就曾向社会发布过16个新职业信息。这16个新职业包括：智能制造工程技术人员、工业互联网工程技术人员、虚拟现实工程技术人员、连锁经营管理师、供应链管理师、网约配送员、人工智能训练师、电气电子产品环保检测员、全媒体运营师、健康照护师、呼吸治疗师、出生缺陷防控咨询师、康复辅助技术咨询师、无人机装调检修工、高铁线路综合维修工和装配式建筑施工员。

你看，虽然"劳动"是一个人们很熟悉的词儿，但劳动世界的全貌你未必全知道。

北师大著名教授檀传宝先生主编的《你不全知道的劳动世界》为你画了一个路线图，引导你走进"劳动"这个古老而新兴的世界。

檀传宝先生说，《你不全知道的劳动世界》试图让孩子们探究他们可能不全知道的劳动世界，让老师们构建他们可能不全知道的劳动教育。为此，这本书通过优美的文笔、灵动的形式，带领孩子们探究劳动的四个主题——劳动的历史、劳动的形态、劳动的主体、劳动的准备，努力让孩子们拨开历史现象的迷雾看到劳动创造历史的真相、领悟劳动创造美好生活的真理，也让老师更加明确应该如何更有效地进行劳动教育。

"劳动教育"的话题最近热了起来。其实，无论是"劳动"还是"教育"，或"劳动教育"，都不是新概念。可以说，教育一诞生就伴随着劳动。"劳动教育"之所以现在成了教育热点，是因为我们的教育远离"劳动"很久了，而走向伟大复兴的中国，需要培养一代又一代不同岗位上合格的劳动者，对此，教育义不容辞。

那么，对于学生——未来的劳动者来说，应该弄清楚：什么是劳动？劳动的本质是什么？劳动是如何创造历史和财富的？劳动是怎样改变人类生活的？当今的劳动与传统的劳动有什么不同？千姿百态的劳动形态如何在我们的日常生活中各领风骚，展现其各自的特点与价值？作为学生，如何认识不同岗位劳动者的独特荣光？如何为成为光荣的劳动者作好最充分的准备？……

《你不全知道的劳动世界》将一一回答这些问题。但这些回答一点都不"学术"，而是非常有趣。因为有趣，这本青少年劳动教育读本便将自己同一般教材区别开来了。

本书的有趣体现在以下四个方面——

第一，儿童视角的写法。

所谓"儿童视角"就是儿童的角度和感受。作者抓住孩子的心理特点来回答孩子可能对"劳动"产生的疑问，这样，整本书所呈现的，就不是"老师给我讲知识"，而是"我要老师告诉我"。包括行文的措辞，都尽量贴近孩子的世界。比如，不说"劳动是如何改变世界的"而说"改变世界的'魔法棒'"，不说"劳动形态发生了哪些演变"而说"劳动是怎样长大的"，这些题目就很能抓住儿童的心。又比如，爸爸妈妈不上班而在家里做家务，是不是就没创造价值？同学们的家务劳动是否创造了价值？这些价值又相当于多少钱？这也是孩子们感兴趣的问题。本书以"家务劳动，价值几何"为题，通过介绍几种家务劳动价值的计算，计算出小明家每月家务劳动的价值差不多就是5300元。用儿童的眼睛看劳动，以儿童的疑问写劳动，这本书对于同学们来说自然有可读性。

第二，日常生活的切入。

劳动本来就在生活中，可是作为劳动教育的教材很容易呈现出"理论化""系统性""学术味"，但《你不全知道的劳动世界》则不然。该书完全把劳动置于生活中来介绍，让读者感到劳动就在身边，就是生活。比如，开篇讲南京的明城墙，从城墙的每一块砖讲起，告诉同学们墙砖背后的"百万大军"，从筛土、练泥、制坯到装窑、烧窑、出窑……每一个步骤都是繁重的劳动，然后又讲一块砖的"进京之旅"所经历的艰辛。这样的劳动不仅仅付出体力，而且城砖的"身份证"、城墙的"强力粘合剂"等，都体现出了老百姓的智慧。通过这些介绍，让同学们明白：明城墙，也是"民"城墙。又比如，服务员、交警、程序员……在我们的印象中，这些职业都是不起眼的，但作者问道："你是否想过，有一天，如果他们都放假了，我们的生活会变成怎样？"这轻轻一问，便立刻拉近了我们和这些普通劳动者的距离，而且显出了他们劳动的重要性。

第三，图文并茂的形式。

我们早已进入"读图时代"，这是我们快速而轻松获取信息的便捷途径之一。《你不全知道的劳动世界》一书几乎是一本"画报"，照片和插图几乎占了近一半篇幅：有历史照片，比如"红旗渠"英雄、改革开放前的票证；有世界名画，比如北宋王希孟的《千里江山图》、北宋张择端的《清明上河图》、当代徐悲鸿的《愚公移山》、法国米勒的《拾穗者》、荷兰梵高的《播种者》；还有大量生动活泼的卡通插图。这些图片不仅仅是为了增强可读性，更重要的是形象地展示了不同时代不同领域的劳动和劳动者形象。比如，作为北宋时期的风俗画，《清明上河图》生动记录了都城汴京的城市面貌，以及当时社会各阶层人民的生活状况，不但是汴京当年经济繁荣的见证，更是北宋时期形形色色劳动场景的写照。作者让读者通过画中人物的服饰，猜猜他们的职业。如此描述并展示古代劳动，是不是很有意思？

第四，与时俱进的品格。

历史在飞速前进，劳动也在迅猛发展。尤其是在当今互联网时代，劳动被赋予了更加千姿百态的模样。"还记得原始人的生活吗？捕鱼、狩猎、采集野果、睡山洞。相比之下，现代人的一天更加忙碌，但也更加丰富多彩。

劳动在自身不断成长的过程中，也使得我们的生活更加绚丽多彩。我们在辛勤工作、服务社会的同时也在享受着无数劳动者为我们提供的生活资料和优质服务。"作者由此展开了对劳动新模样的描述。"一骑红尘妃子笑，无人知是荔枝来。"作者以这句诗展开了一个有趣的对比：当年杨贵妃想吃到鲜荔枝，必须有怎样的"快递路线"？（荔枝园—驿站—长安）而如果是今天，人们要吃鲜荔枝，又有怎样的快递系统？（荔枝园—快递投递点—冷链车、航空飞机—快递网点—配送—消费者）每一个环节的变化，都意味着劳动形态的变化和职业的"更新换代"。

《你不全知道的劳动世界》是写给青少年朋友的，每一位同学都可以从这本有趣的书中读到自己的未来。其实该书对成年人也有吸引力，毕竟在这日新月异的时代，更全面地认识自己的劳动，更准确地看待自己的职业在整个人类大变革时代的坐标和价值，将有助于我们更清醒地认识自己的人生。

这就是我真诚而郑重推荐《你不全知道的劳动世界》的理由。

2020 年 12 月 23 日

"各行各业天天都在大浪淘沙，凭什么教育领域就例外呢？"

——读汤敏《慕课革命——互联网如何变革教育》

"慕课"这个词流行已经有几年了，但我对"慕课"的真正了解，还是源于最近读汤敏教授的大作《慕课革命》。

这是一本通俗而科学地介绍慕课的书。作者全面介绍了慕课的方方面面。全书分为18章，每章的标题分别是："慕课正在改变教育""谁在慕课""工业又革命了，教育不革命行吗""慕课正在颠覆大学校园""中国慕课应以职教优先""中小学中的慕课：翻转课堂""中国式的中小学慕课：双师教学""中国式的其他慕课实验""慕课下的教师会不会失业""慕课下的教育能更公平吗""慕课下的高考""慕课的大市场在校外""慕课能免费吗""慕课经济学""对慕课的质疑""政府不该干什么""慕课的未来""如何参加这场革命"。

什么是"慕课"？作者用大白话解释道："所谓'慕课'（MOOC），顾名思义，'M'代表massive（大规模），与传统课程只有几十个或几百个学生不同，一门慕课课程动辄上万人，目前最多的多达16万人；第二个字母'O'代表open（开放），尊崇创用共享协议，以兴趣导向，凡是想学习的，都可以进来，不分国籍，只需一个邮箱，就可以注册参与；第三个字母'O'代表online（在线），学习在网上完成，无需旅行，不受时空限制；第四个字母'C'代表coures，就是课程的意思。"

作为国务院参事的作者汤敏是美国伊利诺伊大学的经济学博士,是我的朋友,但我更愿意将他视为我的师长。他对慕课有着系统而深入的研究,这种研究不只是理论上的纸上谈兵,更有他和他团队——友成企业家扶贫基金会的成员——的田野躬行,他甚至不止一次率队深入内蒙古、广西等边远的欠发达地区送教支教。因此,书中的观点都是他自己的思考,其中的案例更是他鲜活的实践。

作者告诉我们,相对于传统课堂,慕课有五大创新:第一,知识点,短视频。每一节课的内容分解成若干个知识点,每节课程都由10~15分钟的短视频组成。第二,随堂考试,满10分过关。和一般的视频课不同,慕课借鉴了网络游戏的方式,及时奖励学生,以激发学生的学习兴趣,甚至让学生上瘾。第三,兵评兵,机评兵。简单的随堂测验,用机器直接评判;而对问答题类的考试,让学生互评。第四,虚拟课堂,规模PK。由于慕课规模很大,网上论坛可以把分布于世界各地的学习者联系起来,学生可以把任何问题,直接挂到相应的论坛上,平均23分钟,就有人回答。第五,大数据分析,小机器跟踪。通过大数据,学生在什么时候上了多少分钟课,答错了几道题,强项和弱项分别在哪里,跟踪的计算机都清清楚楚,给教师和学生及时反馈。

人类已经经历了两次工业革命。第一次是18世纪后半叶,以蒸汽机的发明和英国纺织机械化为标志;第二次是20世纪初,以电气革命与福特汽车公司大规模流水线生产的诞生为标志。对此,汤敏评价道:"每一次工业革命都开始于某一产生工具的发明与运用,然后一些产业发生大的变化,最后引发整个社会的革命。"

那么第三次工业革命,则是以3D打印机,以及数字化制造、新能源、新材料应用和计算机网络为代表的一个崭新时代。西方有学者断言,第三次工业革命对中国这样的制造大国来说有着相当大的负面影响。有人甚至断言,"中国崛起"有可能被第三次工业革命所终结。

汤敏正是怀着一种强烈的中国教育发展的危机感来思考慕课对中国的意义的。他认为,我们现在所得心应手的"传统的现代教育",是前两次工业革命的产物，反映了工业化时代的生产模式：标准化的课堂，统一的教材，统一的考试，统一的标准答案……这些都是流水线生产螺丝钉的场景。这种教育是培养工人和工程师的。

如何才能培养出第三次工业革命所需要的创新型人才呢？当然，前提是创建出一批能够适应第三次工业革命的有全新机制的教育机构，并利用最新机制与技术手段，以更大的规模、更低的成本、更新的模式、更快的速度为更多的年轻人创造出好的教育环境。

而慕课正是顺应这些需求而应运而生。汤敏先生用非常简洁明了的语言概括出慕课推行的理念："任何人在任何时间、任何地方，能学到任何知识。"核心是让教育真正体现孔夫子所说的"因材施教"，让学生有了更符合其个性的选择，并进行个性化的学习。

我想再说一遍，慕课虽然还没成为全中国课堂的常态，但已经在一些地方，包括边远的欠发达地区，成为生动有效的现实。对此，书中有不少鲜活的案例。这里不再赘述。

推行慕课，当然需要现代信息技术作有力支撑，但在互联网越来越普及而且成本越来越低的今天，技术支持不像想象的那么困难；而实施慕课最关键的因素，还是教师——不只是教师对信息技术的熟练操作能力，更要有教育观念的实质性转变。对此，汤敏在书中有非常深刻而有说服力的阐述。

慕课把好多事儿都交给计算机了，教师是不是就更轻松了，甚至没什么事做了呢？当然不是。汤敏先生说："从友成基金会的试验来看，从世界上其他发展慕课的经验来看，慕课仅线上是不够的，线下的工作同样重要。学生之间的讨论，老师的引导与辅导非常重要。对程度不同的学生，老师还要给予辅导。这些工作量需要大量的教师付出时间与努力。教师工作量不见得会比原来讲讲课的少，但学生的学习效果会大大改善。"

这样的教学对教师的要求更高，"未来的教师更像一个导师，从以'教'为主，变成了以'导'为主"。其实，这个说法并不新潮，因为这句话在中国教育界也叫嚷了很多年了，但对许多老师来说，所谓变"教"为"导"一直停留在公开课或者论文上。现在，不是让教师转变观念和角色才能上慕课，而是慕课的形式倒逼教师必须转变，否则，如汤敏先生所说："在大的改革浪潮来的时候，不进取者难以逃脱被淘汰的命运。"此外，汤敏先生还就慕课与教育公平、慕课与高考改革、慕课与职业教育、慕课与政府管理等方面作了阐述，特别是他还清醒而客观地谈到了慕课目前所存在的"软肋"。

通读全书，我们的目光情不自禁会越过身边的校园和教室，而投射得很远很远，看到世界的未来；然后又会收回到我们的课堂，审视自己的教育行为，反思我们从今天应该怎么做。

最近，有一句话很时髦："未来已来。"对教育来说，真的是这样，面对汹涌扑来的第三次工业革命浪潮，每一位教育者应该有着源于民族责任和自身命运的紧迫感，进而积极主动地改变自己，拥抱已经到来的"未来"。因为"各行各业天天都在大浪淘沙，凭什么教育领域就例外呢？"

2020 年 2 月 7 日晚

"人们往往不容易轻信小谎言,却很容易相信大谎言"

——读魏忠《智能时代的教育智慧》

第一次关注"魏忠"这个名字,是读他一篇质疑北京十一学校的文章。观点我不同意,但他的质疑精神给我留下了印象。

《智能时代的教育智慧》薄薄一册,作者谈了自己对智能时代如何"教育"的理解。整个书的论述比较杂,篇章与篇章之间也缺乏联系,作者可能也没想过要"成体系"地论述,估计是一本随笔集。

但也不乏可圈可点的言论——

我们可以说"如何让学生考得分数高一点","如何让学生学会解这个难题",甚至"如何在三个月背 2000 个单词",但不能说这就是教育。教育在严格的定义中并不存在,对于一个并不存在的问题,计算机是无能为力的,因为它仅能解决已经明确的问题,而不能解决没有描述清楚的问题。教育的智慧在于,能根据教育场景不断提出问题,将不明确的问题明确化。

韩愈说"传道、授业、解惑",传道和解惑都需要智慧,需要人的智慧,需要与情境高度相关和及时反应。从这个角度上说,教育永远不会消失,学生对教师的依赖性会更强,因为人是倾向个体独特的社会动物。

这些话我非常赞同。智能时代为教育提供了许多现代技术——教育当然需要不断的技术更新甚至技术革命,但教育本身却主要不是技术。真正的教育是面对人的心灵,而且是不同人的不同心灵。

所以，作者说——

当学生、教师、家长是特例人群时，某种教育是可以示范的，是有一定规律的。然而我们在谈论一种教育的时候，不要忘记它的特例场合和应用场景。

许多教育者很希望有一种"放之四海而皆准"的模式，一种"接地气"而且有很强"操作性"的公式，这是很可笑的。我想到苏霍姆林斯基对教育特点的论述："某一教育真理用在这种情况下是正确的，而用在另一种情况下就可能不起作用，用在第三种情况下甚至会是荒谬的。"

作者谈到"教育规律"，这是困扰我多年的一个问题。2003年读博士时，就一直想写一篇文章，观点是"教育是没有'规律'的"。但因为一直没想透，还没动笔。

魏忠这本书从"数字时代的实体价值""信息时代的设计变革""智能时代的教育智慧""离散时代的结构定力"四个方面，谈了自己对智能时代的教育的思考。虽然谈得比较散漫随意，但时不时会有一些句子让我深受启发，或很有共鸣——

以己为师，值得效仿。从这个层面来说，教师永远要是活生生的人才行。

早在2015年，《自然》中的一些文章就指出，对美国和澳大利亚以及欧洲、中国几千名青少年的一项调查显示，近视和使用电子产品没有任何关系，只是和户外活动时间有正向强关系。

人脑科学发现，所谓的"人的大脑只使用了5%的潜能"完全是无稽之谈。

人工智能时代以人的创造为源泉，学什么将更加重要，教师和教育机构将重点集中在个性化的学生学什么上，而怎么学将由人工智能给出策略和更加精确的建议。

一个众所周知的观点是：人一旦进入群体，智商就会严重降低。这也是为什么传销的洗脑课总能成功地引人而入的主要原因。更吊诡的是，人们往往不容易轻信小谎言，却很容易相信大谎言。19世纪英国科学家科尔顿说："有些骗局布设得如此巧妙，只有傻子才不受骗上当。"那些布设巧妙的往往是大谎言。长期接受和依赖谎言的人们，甚至还有在谎言破灭后，自己也加入到维持谎言之中的。

简单而深刻的思考，成就了一个伟人；多变而垃圾的信息，烧掉了一个圣人。

不管教育机构愿不愿意承认还是掩耳盗铃，没收手机和禁止上网，就像30年前我的高中教师不让我看琼瑶的小说一样毫无作用。

作为教师最有价值的是经验，是学生不具备、电脑和网络也不具备的经验。

类似的"金句"还很多。有兴趣的老师不妨去翻翻这本小册子。

2020年1月3日

让哲学思考成为每一位教师的自觉

——读冉乃彦《中小学教师如何用哲学》

对相当一部分中小学一线教师来说，所谓"理论"意味着"高高在上""空洞玄虚""不接地气"；如果再说到"哲学"，很多老师更会本能地敬而远之也拒而远之，而且还会理直气壮地说："别玩儿虚的，直接说操作吧，我们一线老师就喜欢务实！"

其实，作为一个教师，哪怕你仅仅满足于领工资——我多次说过，为谋生而工作绝不可耻——没有一点哲学思考，最终你的工作也做不好，所以工资也未必那么稳当。何况对于许多愿意在教育实践的同时还做点研究的老师来说，有一些哲学思考的自觉，会使自己从教育中获得更多的成就感和幸福感。

在实际工作中，我们其实不可能离开哲学思考。比如，"实践出真知""因材施教""一把钥匙开一把锁""牵牛鼻子""失败乃成功之母""只要功夫深，铁杵磨成针""静等花开"……这些我们经常挂在嘴边的话，都是"哲学"，只是我们没有意识到而已。所以，我说要"让哲学思考成为每一位教师的自觉"。换句话说，每一位老师的教育实践或多或少都包含着哲学思想，但是否"自觉"，是优秀教师和平庸教师的重要区别之一。

如何自觉地用哲学来指导自己的教育工作？冉乃彦老师的《中小学教师如何用哲学》一书，为我们提供了很好的建议。

本书分为"开场白""存在论""意识论""价值论"四部分。"开场白"

谈了哲学的意义,尤其是对教育者的意义。作者引用了柏拉图的话:"教育,从最高意义上讲就是哲学。"在"存在论"部分,作者谈对立统一规律,谈矛盾的普遍性与特殊性以及解决矛盾的方法,谈量变质变规律,谈否定之否定规律,等等。在"意识论"部分,作者谈意识和物质的关系,谈实践与认识(真理)以及理论的关系,等等。在"价值论"部分,作者谈什么是价值,谈价值的类型,谈人的价值和价值意识,谈教师的价值引导,等等。

我介绍到这里,也许有老师会认为,这是一本很枯燥的理论书。不,恰恰相反,该书的框架结构虽然比较系统而严密,但填充这"框架"的内容却有血有肉。上述种种哲学概念和范畴,作者都是通过一个又一个源于校园、来自课堂的小案例和小故事,将一个个抽象的哲学观点融于生动活泼的日常教育生活之中,读来不但一点不枯燥,反而觉得很亲切,时不时会有"我不就是这样想这样做的吗"或"我也遇到过这样的情况,可怎么没有这样想这样做"的感慨。

比如,在讲"主要矛盾和次要矛盾"时,说到面对各种错综复杂的矛盾,要全力找出主要矛盾,这样"一切问题便迎刃而解了"。作者举了一个案例——

一堂语文课,师生刚刚兴趣盎然地读完一篇范文,正要准备开始写作文,突然在教室隔壁传来了刺耳的锯木声、敲击声,原来这是邻居在"大兴土木"。锯木声、敲击声看起来不可能短时间停下来,学生们个个皱起了眉头,原来的构思全被打乱,这时候环境与学习的矛盾上升为主要矛盾。

老师分析了新情况,立刻决定今天的作文主题是"隔壁的锯木声",请学生们敞开自己的想象:隔壁的邻居是不是分了新居?还是在布置新房?是自己在打立柜?还是在做根雕?

这时候,学生们再听到锯木声、敲击声,不但不那么反感,反而仔细倾听这些声音的各种变化,揣测着隔壁主人的行为、心态。于是干扰下降为次要矛盾,而教与学又上升为主要矛盾。

这个案例说明,当主要矛盾(教与学)突然受到干扰时,次要矛盾(环境与学习）便上升为主要矛盾，但只要教师引导得法，而这完全可以发生转化——干扰下降为次要矛盾，而教与学又上升为主要矛盾。

读到这里，可能有老师会情不自禁地说："呀，我有时也是这样做的。"

对呀，哲学离我们就是这么近，换句话说，哲学其实蛮"接地气"的！

我曾谈到教师成长的四条途径：不停地实践，不停地思考，不停地阅读，不停地写作。我以前认为，这四点中，前三点是比较容易做到的，难的是最后一点"写作"。后来我发现，最难的还是思考，因为阅读和写作都需要思考。有的教师教了一辈子书，兢兢业业，勤勤恳恳，却永远停留在"手头上的活儿"，满足于"熟能生巧"，缺乏思考。因此，其教育境界很难得到提升。而每天都带着一颗思考的大脑对待每一堂课、每一个孩子、每一道难题，就是最好的教育。

注意，我说的是"思考"，而不是"想"。任何教师工作中不可能不想问题，但和一般的"遇到困难动脑筋"的"想"不同的是，"思考"更多的是通过琐碎寻常的教育现象对教育进行追问：是什么？为什么？怎么产生的？会怎样发展？内因还是外因？偶然还是必然？特殊还是普遍？……从具体现象出发，又超越具体现象而做"形而上"的思考，就是哲学素养的体现。所以，简单点说，所谓"哲学思考"就是"追问"；再通俗点说，就是多问几个"为什么"。

而爱追问"为什么"的老师，肯定会更成功也更幸福。

冉乃彦老师这本《中小学教师如何用哲学》，就是为那些愿意成功和幸福的老师而写的。我因此向大家真诚推荐这本亲切朴素的哲学著作。

2020 年 8 月 16 日

第三辑

"诗和远方"就这样变成了"眼前的苟且"

——读严歌苓《芳华》

决定读小说《芳华》，不仅仅是因为冯小刚的同名电影突然推迟放映，主要还是因为我特别喜欢作者严歌苓的风格，不，不仅仅是"风格"，还有内容和主题。因为我和作者同龄，读她的文字，总有一种"代入感"。

比如《芳华》所呈现的中国上世纪70年代，是我经历过的岁月，也是我的"芳华"。我当然没有当过兵，也没进入过文工团——没那天赋，但"文革"和"对越自卫反击战"是我青春期的成长背景，还有书中提到的《马儿啊，你慢些走》《再见吧，妈妈》等经典歌曲，更是已经嵌入我的潜意识了。所以读起来少年的一些记忆便复活了。

这些时代的元素无不充满着理想主义的情怀和无数纯洁而美好的向往——用现在的话来说，就是"诗和远方"。当时，我和小说的主人公们——特别是和刘峰一样，觉得每一天都是"阳光灿烂的日子"。

还有某些"青春的忌讳"，难以启齿的"念头"，现在的年轻人只能当笑话看了，然而那时我们真的是非常"纯洁"——"纯洁"得林丁丁的卫生巾被男兵看见了，她都觉得"多丢人呀"，因而无地自容地寻死觅活。但无论多么"纯洁"，青春的身体有时候总会不争气而羞愧万分地起反应，现在看来"那算得了啥呀"的一个举动，都可能会导致严重的后果。比如刘峰一次克制不住的"触摸"，便毁灭了他的"诗和远方"，葬送了他的未来。

其实，当时的"诗和远方"也是一种幻觉，而且还掺杂了一些并不那么"纯洁"的东西,不然文工团的小姑娘之间怎么会勾心斗角、互相算计?那么善良的刘峰,为什么成为大家奚落的对象?说起刘峰,这是整个作品最具悲剧性的一个人物,从那个年代过来的我,觉得他的身上和他的经历有一种非常真实的时代感。善良本来是他的天性,但"上面"非把他树立成"代表了最高美德"的"英雄"不可,于是周围的战友都认为,"刘峰来到人间,就该本本分分做他的模范英雄标兵,一旦他身上出现了我们这种人所具有的发臭的人性,我们反而恐惧了,找不到给他的位置了"。于是,当刘峰出于真爱而抑制不住地"触摸"了一下林丁丁,他之前所有别人强加给他的"圣人形象"便崩塌了,他一生的悲剧从此拉开了序幕。最后,"他是个当今谁也不需要,谁也不尊重的人了,这种人就叫好人"。

而一切嘲讽、冷落与背叛,都是以"群体的名义"。这一群正值花样年华的文工团女兵,涉世未深,却懂得了如何表现出"革命"与"正义"——借用几十年后她们回忆往事而羞愧时说的话:"那就是背叛的时代。时代操蛋。""我背叛你的时候,真觉得满腔正义。"

人性就这样或被扭曲,或被泯灭。随着时代的变迁,刘峰,还有他周围一群美貌如花的文工团女兵,都不再有所谓的"诗和远方",一切都只剩下"眼前的苟且"。

钢铁就是这样没炼成的。

整个作品令人——至少令我——压抑,读后欲哭无泪。但作者的叙事却特别抓人。我一直很喜欢严歌苓的语言。她的语言流畅而精粹,"流畅"到感觉每一句话都是作者脱口而出,而且就该那么说,多一字少一字都不行;"精粹"到感觉每个词容量很大,每一个字都给读者以想象或者说"再创造"的空间。看似寻常的哲思、出其不意的比喻和不动声色的幽默,使严歌苓的语言有一种说不出的魅力——

二十岁他就那样,跟你多熟你扭头就想不起他长什么样。倒不如丑陋,丑陋可以是Logo,丑到一定程度,还惊世骇俗。

郝淑雯开始叫我们严肃,不一会儿却成了我们中笑得最欢的一个,一屁股跌坐在琴键上,钢琴哄的一声也笑开来。

那目光是带荤腥的,现在看来就是带着荷尔蒙的。他军鼓般的心跳就在那目光里。

炊事班马班长一打肉菜就帕金森,马勺又是颠又是抖。

最终他对林丁丁发出的那一记触摸,是灵魂驱动了肢体,肢体不过是完成了灵魂的一个动作。

已经晚上七点,掉在山后的夕阳还残剩一抹,给舞台打着追光。

我们所有人在秋天的夜晚打着串串寒颤;我们都是可怜虫,一旦有一个可怜虫遭殃,危机就转嫁了,暂时不会降临于我们,我们也就有了短暂的安全。

何小曼无词的号叫更可怕,刹那之间让你怀疑她由人类退化成了猿,叫声凄厉至极,一口气好长,一米五八的身体作为笛管,频率高得不可思议,由此你得到一个证明,正是她的短小使她发出如此尖锐的声音,想想知了、蛐蛐、蝈蝈、金蛉子之类。

她跟着奔跑下楼,网兜里的饼干筒糖盒子也一路敲锣打鼓。

刘峰用刀细细地削,果皮儿像是给车工车下来的,又薄又匀地从刀刃下流出。

……

其实这些只言片语只有回到原文的语境中,才更能呈现出其精彩。

我是在从北京飞卡塔尔首都多哈的航班上读完这篇小说的。掩卷沉思喟叹,窗外无边的夜色增加了我的压抑感。面对作品中(其实也是生活中)的"一地鸡毛",真不知说什么好。

2017 年 11 月 21 日夜

凝练而含蓄，幽默而有爆发力

——读严歌苓《金陵十三钗》

从《陆犯焉识》开始，我迷上了严歌苓的小说。她的几部小说读下来，我实在是太佩服这个和我同龄的作家了——我没说"女作家"，她就是"作家"。

看电影《金陵十三钗》是好多年前的事了，但同名小说我是最近才读的，读的缘由是我最近在看根据《金陵十三钗》改编的电视剧《四十九日·祭》。电影本身就是根据严歌苓那本不长的小说（最多算"小长篇"）《金陵十三钗》扩充的，而48集的电视连续剧《四十九日·祭》，又被拉得长长的，容量由一个教堂扩大到一座城市，人物也扩充了不少。

《金陵十三钗》和《四十九日·祭》都脱胎于同一部小说，我想弄清楚这三者的"血缘关系"，于是从网上购得小说《金陵十三钗》读了起来。

从情节上说，基本骨架是没有变的，但小说给人更多的想象空间。接受美学强调读者的能动创造，并给这种创造以充分而广阔的自由天地，即读者对文本的接受过程实质上是对作品的一种再创造过程。而小说是最利于读者"再创造"的一种艺术媒介。因为我们眼中看到的是汉字，而脑海中呈现的则是形象，而不同的人，脑海中的形象是不一样的，所谓"一千个读者就有一千个哈姆雷特"。

看电影和电视，无论风尘女子，还是教堂女学生，其形象都是导演和演员直接呈现出来的，而读小说，则是通过自己的想象再创造出来的。比如赵玉墨，电影中很"骚"，"骚"得有点儿过；而电视剧中则很"雅"——温文尔雅的"雅"，让观众甚至忘记了她是"干那一行的"。而小说，则恰到好处：骚中含雅，雅中含骚。

这从作者对她的肖像描绘中可以看出来。她描述了老年孟书娟回忆当年两次看赵玉墨的背——

第一次，赵玉墨和一群妓女想进教堂避难，却被英格曼神父挡住了……

那个二十四五岁的窑姐突然朝英格曼神父跪下来，微微垂头，于是孟书娟就看见了这个让她终生难忘的背影。这是个被当做脸来保养的背影，也有着脸的表情和功用。

女人跪着的背影生了根，肩膀和腰却一直没有停止表达。

她说："我们的命是不贵重，不值得您搭救；不过我们只好求死。再贱的命，譬如猪狗，也配死得利索，死得不受罪。"

不能不说这背影此刻是庄重典雅的，说着说着，盘在她后脑勺上的发髻突然崩溃，流泻了一肩。好头发！

第二次，赵玉墨和国军军官戴涛跳舞……

孟书娟必须不断调整角度，才能看见赵玉墨的舞蹈。最初她只看到一段又长又细又柔软的黄鼠狼腰肢，跟屁股和肩膀闹不合地扭动，渐渐她看见了玉墨的胸和下巴，那是她最好看的一段，一点贱相都没有。肩上垂着好大的一堆头发，在扭动中，头发比人要疯得多。

……

她再次扭到戴教官面前，迅速一飞眼风，又垂下睫毛，盖住那耀眼的目光。我能想象赵玉墨当时是怎样的模样，她应该穿一件黑丝绒，或深紫红色丝绒旗袍，皮肤由于不见阳光而白得发出一种冷调的光。她晋级到五星娼妓不是没有理由的，她一贯貌似淑女，含蓄大方且知书达理，只在这样的刹那放出耀眼的光芒，让男人们领略了大家闺秀的骚情。

看，会说话和有表情的典雅的背，"又细又柔软的黄鼠狼腰肢，跟屁股和肩膀闹不合地扭动"时，却"一点贱相都没有"，这让演员多难表现啊！但严歌苓的文字，却能让读者通过想象，看到赵玉墨那"大家闺秀的骚情"。

其他的人物——戴涛、法比、阿顾、乔治，还有女学生以及"窑姐"，都活灵活现，各具性格。即使是同为风尘女子，玉墨和红菱，还有豆蔻、春池都各不雷同，一个声音一个样儿。不得不佩服严歌苓用语言塑造人物的能力。

当然还有编织情节的本事。故事以一群妓女挺身而出，替换一群女学生去赴日本人的"庆功宴"为结束，这是一个出人意料又让人荡气回肠的尾声。虽然赵玉墨们后来的结局我们能够想象有多么悲惨，但具体怎样悲惨，作者没写，小说戛然而止，把无尽的想象留给喟叹不已的读者——每一个读者都会通过想象在自己的脑海中继续编织不同的故事……"接受美学"在这里再次大放异彩。

包括一些细节，也让读者仿佛身临其境，热泪盈眶。豆蔻爱上了从死人堆里逃出来的伤兵王浦生，陪在他身边服侍他，用只有一根弦的琵琶弹奏《采茶调》。看着垂死的王浦生，豆蔻决定走出教堂去城里原来的住处找足三根弦，她怕浦生等不及了，一定要让浦生听听自己弹曲子，于是——

事发在早晨六点多，一大群日本兵自己维持秩序，在一个抢劫的杂货铺里排队享用豆蔻。豆蔻手脚都被绑在椅子扶手上，人给最大程度地撕开。她嘴一刻也不停，不是骂就是哔，日本兵嫌她不给他们清净，便抽她耳光。……她想到昨夜和王浦生私定终身，要弹琵琶讨饭与他和美过活。这一想豆蔻的心粉碎了。豆蔻还想到她对王浦生许的愿：她要有四根弦就弹《春江花月夜》《梅花三弄》给他听。她说："我还会唱苏州评弹呢！"她怕王浦生万一闭眼咽气，自己许的愿都落空。

我想，可能很少有读者读到这些细节和心理活动不流泪的。看电影和电视时，我不断提醒自己：这是演员演的，是电影，是电视！但又一想，这些血淋淋的惨剧当年在南京城在中国大地确确实实发生过啊！想到这里，锥心一般的痛。

当年日本鬼子的残忍，很难和今天日本民众的温和有礼联系在一起，但这正是一个民族的性格。两面性或者说矛盾性，有机地统一于一个民族，既温文尔雅，又野蛮残暴；既勇敢好战，又懦弱卑怯；既现代新潮，又古典保守……这种双重的民族性格，在鲁斯·本尼迪克特的《菊与刀》中有深刻的剖析。

严歌苓的小说语言是一绝。她和任何作家的语言表达都不一样，风格极为独特。比如，同样是有影响的作家路遥，我读过他的《平凡的世界》《人生》《在困难的日子里》，也被打动。但打动我的是他表达某种人生精神，而他的小说语言实在缺乏美感，我一直认为路遥的思想和人物是用中学生作文的语言来表达和塑造的。你可以说，是"朴实无华"，但同样是出自陕西的陈忠实，其作品语言都深沉隽永，有一种内在的力度。

我认为，不只是通过语言讲的故事要有看头，塑造的人物要有性格，表达的思想要有分量，小说语言本身也要有艺术魅力。严歌苓的小说语言，凝练而含蓄，幽默而有爆发力。比如——

她写一个妓女突然抱住教堂的杂役阿顾："一个女人坠楼一般坠入阿顾怀抱，差点儿把阿顾的断脖子彻底砸进胸腔。"隔了几段，作者又写道："阿顾从良家男子变成浪荡公子只花了二十分钟。"

她写副神甫法比想和玉墨聊天，聊着聊着，不好意思往下聊了，可心里还想聊："话是扯不下去了，可目光还在扯。"就这一句话胜过多少心理描写！

她写被日军枪毙却意外没死的国军伤兵李全有从如山的尸体堆里爬出来，突然听到脚步声，赶紧伏在两具尸体之间："心在舌根跳，一张嘴它就能跳出来。"

她写青年军官戴涛的英俊挺拔就一句话："这是能把任何衣服都穿成军服的男子。"

她从法比感受到的角度写玉墨的眼睛："玉墨用大黑眼珠罩住法比，她这样看人的时候小小的脸上似乎只剩了一对大眼睛，并且你想躲也躲不开它们。法比跳了三十五年的心脏停歇了一下。他不知道，男人是不能给赵玉墨这样盯的，盯上就有后果。"

　　寥寥数语，着墨不多，却既有大写意一般的白描，又有细腻的心理描写，还留给读者以编织故事的想象空间。

　　所以我说，严歌苓小说的语言，凝练，一句话包含着许多话；含蓄，话中有话，弦外有音；有一种不动声色的幽默，还有一种出其不意的爆发力，同时留足给读者再创造的想象力空间……

　　当然，任何其他读者的评价都不能替代每一个人自己的阅读感受，更不能替代每一个人的阅读享受。对于严歌苓，大家还是自己去品吧！

2020 年 1 月 22 日

"花开了，就像花睡醒了似的"

——读萧红《呼兰河传》

已故著名文学批评家夏志清，曾经在其《中国现代小说史》中"挖掘"了不少被中国现代文学史"遗忘"或冷落的作家，比如钱钟书、张爱玲和沈从文——这几位在很长一段时间里都是比较边缘化甚至"差评"的作家。通过夏志清，我们重新认识了他们的价值和地位。但夏志清后来坦率地承认，自己没在《中国现代小说史》中评论萧红的作品，是"最不可宽恕的疏忽"；他特别给予《呼兰河传》很高的评价，认为"《呼兰河传》的长处在于它的高度的真实感"。他称萧红为20世纪中国最优秀的作家之一。

但是，对习惯于只看情节的读者来说，《呼兰河传》注定会让他们失望的，他们甚至读了开头几页就根本读不下去，进而断言《呼兰河传》是一本兴味索然的小说。它没有跌宕起伏的情节，没有扣人心弦的悬念，没有惊心动魄的打斗，更没有或含蓄或露骨的性爱……这些现在畅销书的"必备元素"，《呼兰河传》一点都没有。

当年为《呼兰河传》作序的大文豪茅盾也在序言中写道——

也许有人会觉得《呼兰河传》不是一部小说。

他们也许会这样说，没有贯串全书的线索，故事和人物都是零零碎碎，都是片段的，不是整个的有机体。

可见不只是现在，就放在当时，《呼兰河传》也是比较另类的，因为它不像一部严格意义的小说。

但茅盾继续写道——

要点不在《呼兰河传》不像是一部严格意义的小说，而在于它于这"不像"之外，还有些别的东西——一些比"像"一部小说更为"诱人"些的东西：它是一篇叙事诗，一幅多彩的风土画，一串凄婉的歌谣。

呼兰河是松花江的一个支流，但萧红的《呼兰河传》写的却并不是河，而是呼兰河畔的一座小城。

这座小城因为呼兰河而被称为"呼兰县"，现在划归成了哈尔滨的一个区，叫"呼兰区"。朋友告诉我说，从哈尔滨中央大街那上公路大桥，往北行大约30公里就到，交通还算方便。

我没去过呼兰，但我想，既然是哈尔滨市的一个区了，至少也应该是高楼林立，车水马龙吧？然而，我们从萧红的《呼兰河传》中看到，近百年前的呼兰小城，闭塞而荒凉。城里的人们，淳朴而愚昧。

萧红以散文的笔触和诗歌的语言，写了这座小城的风景和风情，写了这风景和风情中普普通通的人家，写了这些普普通通人家院子中的朝晖夕阴和屋檐下的家长里短……

小说分为七章，每一章又有若干小节。每一章每一节都有一个重点描述对象。第一章写小城的街道格局：十字街、东二道街、西二道街、小胡同；作者并非静止地写地理环境，而同时写了在这片寒冷而荒凉土地上人们的日常情态。第二章写小城人们"在精神上，也有不少盛举"：跳大神、唱秧歌、放河灯、野台子戏、四月十八娘娘庙大会……写人们从这些信仰风俗中所获得的一点卑微的生存理由和乐趣。第三章写"我"小时候的生活："我家"的大花园，"我"的祖父、祖母——主要是写"我"和祖父的故事，温馨而忧伤。第四章写"我"的家："我家"的院子、"我家"的房子，以及这院子和房子里的人家——养猪的、漏粉的、拉磨的、赶车的。第五章写租住在院内小偏房里老胡家的故事，重点写了老胡家小团圆媳妇的悲惨遭遇。第六章写长工有二伯孤独古怪的性格，他被奴役被踩躏的地位，以及他那阿Q式的生存方式。第七章写冯歪嘴子冲破传统束缚,对爱情勇敢追求,和王大姑娘自由恋爱、结婚生子,以及他一家的命运。

小说的结构如同一串糖葫芦。每一个章节相对独立,不同章节的风情和人物通过一根线串联起来,这根"线"就是作者要表达的主题:通过描写呼兰河畔这座小城里各种人物和生活画面,表达出对扭曲人性、损害人格的社会现实的批判与否定。当然,这种"批判与否定"是不动声色的,是蕴含于作者对特定环境中的人物及其命运的描写中的。有时这种"批判与否定"甚至是通过颇有喜剧色彩和幽默风格的场面表达出来的。

比如,人们对东二道街那个大泥坑(下雨后就变成了大水坑)的态度,无论是人还是马车,经过那里都战战兢兢,但每一次"出事",都会给人们带来热闹和娱乐,因此每每喝彩。如果猪掉下去淹死了,那更是小城盛大的节日,因为可以吃瘟猪肉了!

萧红这样写道——

总共这泥坑子施给当地居民的福利有两条:

第一条:常常抬车抬马,淹鸡,淹鸭,闹得非常热闹,可使居民说长道短,得以消遣。

第二条就是这猪肉的问题了,若没有这泥坑子,可怎么吃瘟猪肉呢?吃是可以吃的,但是可怎么说法呢?真正说是吃的瘟猪肉,岂不太不讲卫生了吗?有这泥坑子可就好办,可以使瘟猪变成淹猪,居民们买起肉来,第一经济,第二也不算什么不卫生。

那个时代的芸芸众生,就是通过这样庸俗无聊的方式,以获取"精神"和"物质"的双重"享受"。

萧红这样写道——

呼兰河的人们就是这样,冬天来了就穿棉衣裳,夏天来了就穿单衣裳。就好像太阳出来了就起来,太阳落了就睡觉似的。

……

他们就是这类人，他们不知道光明在哪里，可是他们实实在在地感得到寒凉就在他们身上，他们想击退了寒凉，因此而来了悲哀。

他们被父母生下来，没有什么希望，只希望吃饱了，穿暖了。但也吃不饱，也穿不暖。

逆来的，顺受了。

顺来的事情，却一辈子也没有。

鲁迅在《狂人日记》中写道——

我翻开历史一查，这历史没有年代，歪歪斜斜的每页上都写着"仁义道德"四个字。我横竖睡不着，仔细看了半夜，才从字缝里看出字来，满本都写着两个字是"吃人"！

鲁迅在这里说的"吃人"，主要指的是封建礼教对人的戕害乃至吞噬。而萧红在《呼兰河传》里，则通过许多小人物的悲惨命运，形象地展示了封建礼教是怎样具体地"吃人"的。

这点在小团圆媳妇身上体现得最为生动。一个自称"14岁"但其实只有12岁的小姑娘，本是一位健康、天真、活泼、单纯的小孩子，仅仅因为见人"一点也不害羞"，"坐到那儿坐得笔直，走起路来，走得风快"，"吃饭就吃三碗"等，便遭人议论，更被婆婆虐待。她对于婆婆的种种虐待有过反抗，但反抗带来的是更粗暴的虐待，最后受尽折磨而死去。这事儿搁今天就是家庭暴力，施暴者得负法律责任，但在那个时代，婆婆所做的一切，都是符合道德的，是遵从礼教的，是真心为小团圆媳妇好，所以她说："她来到我家，我没给她气受，……一天打八顿，骂三场，……那是我给她一个下马威。我只打了她一个多月，虽然说我打得狠了一点，可是不狠哪能够规矩出一个好人来。我也是不愿意狠打她的，打得连喊带叫的，我是为她着想，不打得狠一点，她是不能够中用的。"周围的人也不认为婆婆有任何过分，相反都认为这是当婆婆的本分。

这就是鲁迅和萧红所抨击的"文化"。

因为正是这种"文化",千百年来滋养了中国古老大地上一代又一代勤劳、纯朴、忍耐、善良而又愚昧、麻木、野蛮、迷信、保守的百姓——善良因愚昧而成为残忍。这才是最可怕的。

作者花了大量笔墨写景。在她笔下,看似客观的景物却蕴含着浓烈的主观情绪,或凝重,或明朗,或寂寞,或忧伤……

那些文字,不假雕饰,如泉水一般地从萧红笔下流出来;那些景物,就像刚刚被雨水洗过的一般清新,还散发着泥土的香味。

请读读这样的句子——

严冬一封锁了大地的时候,则大地满地裂着口。从南到北,从东到西,几尺长的,一丈长的,还有好几丈长的,它们毫无方向地,便随时随地,只要严冬一到,大地就裂开口了。

严寒把大地冻裂了。

……

天空的云,从西边一直烧到东边,红堂堂的,好像是天着了火。这地方的火烧云变化极多,一会红堂堂的了,一会金洞洞的了,一会半紫半黄的,一会半灰半百合色。葡萄灰、大黄梨、紫茄子,这些颜色天空上边都有。还有些说也说不出来的,见也未曾见过的,诸多种的颜色。五秒钟之内,天空里有一匹马,马头向南,马尾向西,那马是跪着的,像是在等着有人骑到它的背上,它才站起来。再过一秒钟,没有什么变化。再过两三秒钟,那匹马加大了,马腿也伸开了,马脖子也长了,但是一条马尾巴却不见了。

……

花开了,就像花睡醒了似的。鸟飞了,就像鸟上天了似的。虫子叫了,就像虫子在说话似的。一切都活了。都有无限的本领,要做什么,就做什么。要怎么样,就怎么样。都是自由的。倭瓜愿意爬上架就爬上架,愿意爬上房就爬上房。黄瓜愿意开一个黄花,就开一个黄花,愿意结一个黄瓜,就结一个黄瓜。若都不愿意,就是一个黄瓜也不结,一朵花也不开,也没有人问它。玉米愿意长多高就长多高,它若愿意长上天去,也没有人管。蝴蝶随意地飞，一会从墙头上飞来一对黄蝴蝶，一会又从墙头上飞走了一个白蝴蝶。它们是从谁家来的，又飞到谁家去？太阳也不知道这个。只是天空蓝悠悠的，又高又远。

……

满天星光，满屋月亮，人生何如，为什么这么悲凉。

……

也许每天忙碌在快节奏生活中的人是沉不下心来也不耐烦静静地、细细地、慢慢地品味这样的文字，并在脑海里展示出一幅幅画面的。

所以很多作家也迎合"市场"只写"刺激的故事"，所以已经有一段时间了，中国的小说，大多只有情节，没有文学。

但是，只有喜欢读写景文字的人，才算得上真正爱好文学。

何况，读这样的句子，你难道以为作者写的仅仅是景物吗？

2020年4月15日

"本色见才华,我钦新凤霞"

——读新凤霞《美在天真——新凤霞自述》

"新凤霞"这个名字很美。说不清是为什么。反正每次想到这三个字我就会想到新凤霞美丽而纯真的形象。名如其人,人如其名。

当然,对新凤霞之所以感到亲切,不仅仅是因为她的舞台形象,还因为她是吴祖光的妻子。在我的心目中,被周恩来称作"神童"的吴祖光先生不只是一位杰出的剧作家,更是一位有风骨的知识分子,以敢说真话赢得人们的尊敬。温家宝与吴祖光夫妇都是好朋友。2006年11月13日,温家宝在与文艺界人士谈心时,深情地说:"吴祖光先生病重期间,把新凤霞先生画的一幅牡丹送给我。我不懂得画,但也觉得好,画如其人,她是人民的艺术家,永远活在我们心里。"

不能不说新凤霞艺术天赋极高。虽然因出身贫寒而没上过学,但凭着灵气和勤奋,她不但成了杰出的评剧表演艺术家,评剧"新派"的创始人,而且师从齐白石,画得一手好画。从这本书中的文章看,她的文字功底也十分了得,写人记事形象生动,遣词造句干净朴素。

《美在天真》是新凤霞一组回忆性散文的汇集,书名"美在天真"是诗人艾青对新凤霞的评价。我在读本书的过程中,时时能够从文字中感受到作者那颗"天真"的心。新凤霞在写这些文章时,按世俗的说法,已经功成名就,甚至可以说名满天下。但她丝毫没有居高临下俯视众生的感觉,也不像有的大腕那样故作平易近人但骨子里面依然掩饰不住某种清高甚至傲慢。新凤霞回忆自己的少年生活和学戏过程，写自己的家庭亲人、街坊邻居、戏班姐妹……字里行间都散发着源于本色人性的芬芳：善良、同情、怜惜、悲悯、感恩。

在《弃儿》中，新凤霞写自己小时候在街头垃圾箱里捡了一个弃婴，是个女孩儿，"我像得了一件宝贝似的，双手抱住孩子，撒腿就往家里跑"。可抱回家，母亲不敢要啊，因为家里穷，养不起。于是，她抱着孩子到了二伯母家，可二伯母也不要，将她推出大门。"我抱着这个孩子怎么办？往哪儿送呢？"没办法，只好又送回垃圾箱，但她又不忍心离开。"不行，我不能眼看着不管，我又抱起她，决定还是找我娘磨去。"在回家的路上，遇到大伯母。终于，大伯母收下了孩子。接下来，新凤霞写这孩子在大伯母家的生活，写自己逗她玩儿，写她慢慢长到三岁了。"她看见我，知道叫'姐姐'。我爱她，用红布条给她扎小辫儿。她满头黑发，大眼睛，小圆脸，长得很好看。"可是，有一天，孩子在街上时，一辆汽车呼啸而过，孩子瞬间便躺在一摊血水里了。"真可怜啊！这个小女孩，她连个名字也没有。"

就这么一个普通的弃婴，新凤霞写得非常牵动人心，读着读着我觉得这可爱又可怜的孩子就在我身边，读到最后，眼眶已经湿润。新凤霞写这篇文章时，已经因患脑梗而半身瘫痪，并步入老年。但这篇文章所蕴含的一颗童心依然那么纯净晶莹。

在《水灾》中，新凤霞写了一个卖药糖的男孩，十五六岁。他的特点是特别热心，喜欢帮助人。水灾中，他积极帮着救人，"挨家挨户，爬上爬下，把人救出屋"。特别让人感动的是，"他都把别人家的东西运完了，人也都背上房了，才回家去接自己的老母亲、三个弟弟和破烂东西"。他帮每家每户搭棚子，可没有绳子，他竟然把自己身上穿的褂子撕成布条，然后搓成绳子，但还不够，于是他连家里唯一的一条破被子也给撕了。直到把邻居家的棚子都搭建好了，最后他才给自家搭一个很小的棚。他说："我就是凭良心，对人好心肠，这比什么都好。"在新凤霞的笔下，我读到了久违的劳动人民的善良品质。

唯有善良能够感受善良，唯有仁爱能够表达仁爱。新凤霞在写别人，也是在写自己。虽然她写这些文字的时候，已经不再年轻，早已过了天真的年龄，但她依然天真，所以她"美在天真"。

就连她在"文革"中受尽迫害，被剥夺了做演员的权利，她也没有因此在心中滋长出对这个世界的仇恨，她依然以一双天真的眼睛看着这个世界，看待这个世界的人们。《卖糖堆儿》《红闺女》《小动物情趣》《儿时天津记事》《表哥》《我的干爹齐白石》《梅先生和梅师母》……读着读着，我会情不自禁走进那个年代，走进那些人物。而像《恩爱夫妻》《我的孩子》这样专门写丈夫、写儿女的文字，更是亲情扑面，氤氲不散。

新凤霞的女儿吴霜说："母亲的美丽，从内至外。"

这份美，得到了许多大师的齐赞——

黄苗子说："她看世界，有一种细腻温情的特点，对于一切众生均有情。"

冰心说："我要赞美的，是她那'出淤泥而不染，濯清涟而不妖'的出水白莲般的独立自强的人格。"

叶圣陶说："本色见才华，我钦新凤霞。"

……

写这篇读后感的时候，刚好传来某年轻女演员吸毒被行拘的新闻，因此联想到近年来演艺界某些明星的种种劣迹：偷税漏税、吸毒涉黑、艳情绯闻……

不由感慨，现在的演员，为什么守住自己的本色纯真就那么难呢？好像不弄出点丑闻来，都不好意思说自己是演员！

《美在天真》的每一行文字都是那么和善，那么温润，那么纯净，那么芬芳……因为新凤霞也是这样一个和善、温润、纯净而芬芳的人。

2020年6月24日夜于康定一家民宿

愿谷建芬老师的"新学堂歌"响遍中国校园

——读谷建芬《新学堂歌》

在今年央视的国庆中秋晚会上,85岁高龄的谷建芬老师登台亲自演奏其代表作之一《今天是你的生日,中国》,感动了千千万万的中国人,包括我。

前一天晚上(9月30日),我接到谷老师的电话:"我今天把我的书和歌碟给你寄出了,你注意查收。"

今天,是国庆假期结束后第一个上班日,我一到单位便收到谷建芬老师寄来的配有光盘的《新学堂歌》和《谷建芬少儿歌曲精选》。迫不及待地翻了翻,还没看完,便感慨万千。

我首先想到的是,37年前,谷建芬老师在答应为我谱写班歌的回信中的几句话:"为孩子们写歌是我们的职责。正因为我们写的太少,所以孩子们才要歌唱,这难道不是对我们的意见吗?我常常是忙了东头顾不了西,忙了大人忘了孩子,这很不应该。能为你们写歌,为孩子们增加一点快乐,我是很高兴的。"

谷老师同时在给我学生的回信中,这样写道:"你们的要求,我答应,对于你们给予我的信任,我是非常高兴的。我们给你们写的歌太少了,这是我们的工作没做好。"

我至今记得我和学生当年的感动。作为著名作曲家,谷建芬老师已经做得非常好了。《年轻的朋友来相会》《脚印》《校园的早晨》《咪咪曲》……早已传唱校园。在我的记忆中,如果说郑律成(《我们多么幸福》)、刘炽(《让我们荡起双桨》)、瞿希贤(《听妈妈讲那过去的故事》)、寄明(《我们是共产主义接班人》)等人是老一代儿童歌曲作者的杰出代表,那么改革开放以来,谷建芬老师无疑是新一代儿童歌曲创作的领军人物。

但谷建芬老师似乎对自己的创作从来都不满意,也不满足,就像她自己说的那样:"我们的工作没做好。"就在1983年谷建芬老师为我的学生创作了班歌《唱着歌儿向未来》后,她又写了许多脍炙人口、风靡中国校园的歌曲:《采蘑菇的小姑娘》《妈妈的吻》《我多想唱》《歌声与微笑》……

然而,作曲家的艺术追求和对孩子们的责任感是没有止境的。进入70岁以后,谷建芬老师开始了一项新的艺术工程——尝试为中国经典古诗词谱曲,为孩子们创作"新学堂歌"。

记得2014年,谷建芬老师在和我通话时,就聊起"新学堂歌"的创作:"现在我不参与任何社会事务,就清清静静在家为孩子写点儿歌,主要是给古诗词配曲。做点有意义的事。"

她特别说到给古诗词配曲的意义:"我就想让孩子们通过古诗词的传唱,了解并热爱我们中华文化!我们的民族文化要有人传承啊!我这一代人,严格说起来,都不能算真正有中华文化全面修养的人,因为我是小时候生活在伪满洲国,是亡国奴啊!当时日本人不准我们接受中国文化的教育。但现在不一样了,我们应该让中国的优秀文化一代一代传下去。看见现在许多孩子都爱唱我谱写的古诗词歌,很多家长也欢迎。有一次我在街上碰到一位老太太,她给我鞠躬,说我把中国古典诗词谱成新学堂歌,是做了一件大好事!"电话那头,谷老师开心地笑了。

当时,谷老师就给我寄了她的《新学堂歌》的光碟。国庆前,我把自己的新书《教育的100种可能》寄给谷老师,她收到了给我来电话,除了表示"感谢",还问我有没有她的《新学堂歌》,我说:"有啊,2014年您寄过一套给我的。您写的《新学堂歌》成了我任校长的武侯实验中学附属小学孩子们的必唱歌曲!"她说:"不对不对,那只有20首。后来我又写了一些,现在有50首。我给你寄去吧!"

现在收到谷老师的新作,我不只是感动了,还有深深的敬佩和自警——

"八零后"的谷建芬老师对事业尚且如此勤勉，作为后辈，我们还有什么理由懈怠呢？

《谷建芬少儿歌曲精选》和《新学堂歌》集录了作曲家为孩子们写的歌，尤其是《新学堂歌》，除了李白、杜甫、王维、白居易、辛弃疾、王安石等著名诗人的作品，还有汉乐府词、北朝民歌以及元明清时代的经典诗作，以及《论语》《道德经》《千字文》《百家姓》《增广贤文》《声律启蒙》等传统文化经典篇章的节选，谷建芬老师都给它们插上了音乐的翅膀。

这些作品，大多都已经存在于中小学语文教材中，所以孩子们在唱歌的时候，既是语文学习，又是音乐感染，更是祖国优秀传统文化的熏陶。从最初在中央电视台录制播出，到现在几乎全国所有中小学和幼儿园的孩子都在传唱，许多地方的教育行政部门发文给各学校推荐，这充分说明了谷建芬老师做了一件多么有意义的事！她通过音乐让孔子、老子的名句和李白、杜甫的名篇，变成了孩子们的声音，最终刻进了孩子们的心中。

这可不是一件容易的事儿。相比一般的歌曲，《新学堂歌》的创作更有难度。一方面要忠实于并传达出古典文化的精髓，又要符合儿童的心理特点，且富有情趣。为此，谷建芬老师细心领悟每一首古典作品，精心构思每一次配曲。

比如，谷建芬老师为《村居》谱曲时被其中调皮的童心打动，写下欢快的旋律。为了呈现诗中富有童趣的画面，谷老师在作曲的时候没少下功夫。"给孩子写歌，给古诗词写歌，那可难了。"她说，"这首诗的曲子，要把边唱边跳的那种欢快的节奏感给表达出来，要通过旋律，让古诗更加口语化，更加上口。"

果然，经过谷老师谱曲，诗歌一下子就朗朗上口起来。谷老师这样传授她作曲的窍门："要抓住故事里关键的韵脚。这首诗里，关键就在于一个'早'字，这个韵的转音做到位了，整首歌就上口了。"音乐真是神奇，它看不到摸不着，却能让一首诗转眼在脑海中变成一幅画。

又比如，为王维的《相思》谱曲，这是谷建芬老师写给孩子与自然的歌。原诗是写爱情的，作者借着红豆表达相思，是借着自然来表达人与人的情感。谷老师觉得，让孩子去唱成年人的情和爱，过于脱离现实，不符合孩子的心性。但另一方面，现有一些写给孩子的歌，又太过幼稚，没法让孩子唱出感情来。《相思》是一次尝试，在这当中寻找平衡点，给孩子写一首关于爱的歌，让孩子在歌里感受世界的美好。谷老师为《相思》谱曲，节奏明快却又委婉含蓄，语浅而情深。音乐的加入让诗歌的意境更深了一个层次。把其中古朴的情感和对自然的爱与希望给表达出来，让孩子一边唱，一边能感受到这个世界的美好。

《新学堂歌》不仅仅有演唱版和伴奏版的光碟，还有每一首歌的简谱，而且每首歌都有"诗词赏析"和"音乐赏析"。

比如，在白居易的《暮江吟》歌曲前，有这样的文字——

【诗词赏析】

傍晚，爸爸带我来到江边，看到了一幅美丽的画面：快要下山的夕阳，倒影静静地铺在江水之上，江面上波光粼粼，一半呈现出鲜红的颜色，一半仍然是深深的碧绿色。江水的颜色为什么不一样呢？原来，那一半红色的江水是晚霞染成的。到了晚上，我抬头看见天空中的月牙儿像一把弯弓，月光照在岸边的树叶、小草上，叶片上的露水像是一粒粒晶莹的珍珠，今天是九月初三，宁静的秋夜，多么和谐、多么可爱啊！

【音乐赏析】

这是一首三段体歌曲，四三拍节奏，旋律婉转动听，娓娓道来，营造出和谐、宁静的意境，展现出自然界两幅幽美的图画：一幅是夕阳西沉、晚霞映江的绚丽景象；一幅是弯月初升露珠晶莹的朦胧夜色。第一乐段每个乐句末尾带休止符，演唱时稍作停顿，它不是欢快的圆舞曲，而是利用节拍的空当表现出欣赏美丽的自然景色时唱唱、停停、看看、唱唱；第二乐段衬词采用拖音，把前后两个乐段连接起来；第三乐段在高音区进行，深沉而动人，让心灵伴随着旋律翩翩起舞，抒发出诗人对大自然美丽景色的热爱与赞美之情。

无论是孩子还是老师或家长，读着这样的赏析文字，自然会更加感受到古典诗词的意蕴和现代音乐的魅力。

谷建芬作为一位杰出的音乐艺术家，其实还是一名优秀的音乐教育家，从 1980 年代开始，她开办的"谷建芬声乐培训中心"，为中国当代乐坛培养了包括毛阿敏、那英、孙楠等在内的一大批明星歌手。

而音乐与教育有相通之处，所以我特别注意到谷建芬老师在其《新学堂歌》一书中有关教育的论述——

调皮的学生也可以是最好的学生。

家长五音不全，孩子也能拥抱音乐。

我们应该给孩子更多的自由空间，让他们把心灵打开，更多好东西才能进去。

教育就是要采用视觉、听觉等一切手段，把最好的东西交给孩子。不是动不动就"做大、做强"，而是要"做小、做细"，让孩子们通过切实的、细微的、美好的感触，爱这个世界，爱自己的人生。只有这样，他们才会去快乐地创作，才有创造的能力！

……

这些金句，难道说的只是音乐吗？

1999 年，我班一个孩子转学走了，过了几天他又转回来了，问其原因，他说了那个学校很多"不好"，其中他提到那个学校的音乐课："第二天上课，第一节是音乐课，老师没有教课本上的歌，而教我们唱刘德华的《笨小孩》，任贤齐的《对面的女孩看过来》，全部都是流行歌曲。"

20 多年过去了，现在的孩子有属于他们年龄、他们心灵、他们情趣的歌唱了吗？如果在孩子们的课堂上依然只能唱成人的歌儿，这是我们教育的悲哀。

正是在这个背景下，谷建芬老师和她的《新学堂歌》显示出了难能可贵的意义。这是我们时代的欣慰。

试想一下，如果中国每一个孩子都能唱熟这样的儿歌，我们的优秀传统文化是不是就会更好地得以传承，而孩子们的素养是不是会更中国？

　　从这个意义上说，我真希望每一所小学、幼儿园乃至每一个家庭都拥有一套《新学堂歌》，让孩子从牙牙学语开始，就浸润在优美的旋律和优秀的诗词之中。

2020 年 10 月 9 日

第四辑

"为了和平,收藏战争!"

——读樊建川《一个人的抗战——樊建川抗战文物收藏札记》等著作

国庆期间,我读了四本有关"建川博物馆"的著作。其中三本是樊建川本人所著:《一个人的抗战——樊建川抗战文物收藏札记》《大馆奴——樊建川的记忆与梦想》《抗俘——中国抗日战俘写真》;还有一本是师永刚、刘琼雄编著的《国人到此,低头致敬》。这四本著作都是关于樊建川所收藏的抗战文物、"文革"文物、地震文物和民俗文物的。

"樊建川"这个名字被越来越多的中国人乃至国际人士所熟悉,因为他的收藏,也因为他在成都郊外的安仁镇建造的"建川博物馆聚落"。这些博物馆以展示抗战文物为主,同时还有红色博物馆、地震博物馆和民俗博物馆。这绝对是目前中国规模最大的民间博物馆。让人惊讶进而敬佩的是,这些博物馆里的所有文物均是樊建川一人收藏!因此,说他创造了奇迹,一点都不过分;有人甚至称赞他是"一个很伟大的人"。

在这几本书里面,樊建川谈了他走上文物收藏之路的过程,谈了他36岁从四川省宜宾市(县级市)的常务副市长位置上辞职下海的心路历程,谈了他对抗战文物——每一幅照片、每一件实物、每一段文稿的解读,谈了他为什么要建正面战场馆、不屈战俘馆、地震馆、"文革"馆、知青馆的想法,谈了他将来建"三十年改革开放馆""对越自卫反击战馆""反腐倡廉馆""汉奸馆"等博物馆的设想……他是想用这种方式给未来的中国和世界留一座座由浩瀚文物铸造的鲜活的历史丰碑。他已经写下遗嘱,死后将所有博物馆及其全部藏品无偿捐献给国家。

他为什么要收藏文物并修建博物馆来展示这些文物？他自己这样写道："我觉得十三亿中国人，有十二亿，甚至是十二点五亿都应该过自己平淡的正常的生活——吃火锅、去酒吧，像我女儿一样，但应该有一部分人挺起脊梁，敲响警钟，去做牺牲，就像谭嗣同、张志新一样。我就想做一个敲钟人。"

樊建川这位"敲钟人"对每一个中国人敲的钟，就是一个提醒：不忘历史。

在目前已经建成的博物馆中，抗战系列博物馆无疑是最引人注目的，也是影响最大的——中流砥柱馆、正面战场馆、川军抗战馆、不屈战俘馆、飞虎奇兵馆……光听这些名字就令人激动。不过，樊建川更让我敬佩的，是他基于对抗战独特深刻的理解而产生的一些令人震撼的创意——

比如，中国壮士群雕广场。樊建川用生铁铸造了两百多位国共两党的抗日将士的塑像：毛泽东、朱德、彭德怀、林彪、贺龙、吕正操、华国锋、赵一曼、宋学义、蒋中正、宋美龄、杜聿明、何应钦、阎锡山、高志航、戴安澜、谢晋元、张灵甫……所有壮士呈兵马俑阵势排开，气壮山河。用樊建川的话来说："我想停留在1937年中华民族唯一的一次团结上，我特别希望中国人——共产党的军队，国民党的军队，当然还有地方军队，团结起来打日军和伪军，于是做了这个壮士广场。"

比如，不屈抗俘馆。这是樊建川专门为一个长期以来被冷落被歧视的群体建的一个馆。这个群体，叫"战俘"；但樊建川基于自己的理解，专门为他们创造了一个词："抗俘"——因抗战而被俘的战士。而"抗俘"的杰出代表便是民族英雄赵一曼。在《抗俘》一书中，樊建川这样写道："写《抗俘》时，我经常头埋在桌子上写不下去。……他们是中国人的战士啊，他们没有躲在后方，他们上战场了，他们技不如人嘛，火力不如人嘛，兵力不如人嘛，战斗力不如人嘛，当了俘虏了嘛。我当时有一种冲动，特别想跟他们站在一起，接受那种屈辱，甚至被日本人枪杀。我觉得我就应该跟他们站在一起，一起去面对凄风冷雨，一起去接受凌辱或者一起去被日本人杀掉。""当国家民族面临亡国灭种之时,他们慷慨从军上阵了,他们上阵与日军奋勇搏杀了,他们身不由己被敌人俘虏了,他们中大部分人被敌人杀害了。他们是我们的先辈、先烈,他们是保家卫国的壮士,他们是受了太多艰辛、苦难和误解的中国军人。他们也是我们今天幸福小康生活的奉献者、先驱者。"

比如,川军抗战馆。这是目前中国唯一的一个以川军抗战为主题的博物馆,樊建川以大量的文物史料还了抗战川军一个公道。过去一提起"川军",就想到"壮丁",而受电影《抓壮丁》的影响,"壮丁"成了贬义词,好像"壮丁"都是被"抓"的,是被迫上战场的。樊建川告诉我们,抗战川军有狭义和广义之分。狭义的川军,特指正宗的地方军阀部队,大约 30 万,在刘湘上将率领下出川御敌;广义的川军则是指八年抗战中,四川作为大后方,国民政府每年征兵 40 万,共征兵 300 多万。两者相加,约 350 万之众。也就是说,抗日战争中 1200 万战士轮流上战场拼命,川人占了约三分之一。而且,四川本土并没有遭受日寇侵占一寸,但四川人以民族大义为重,慷慨赴死,可歌可泣。刘湘特别了不起。全面抗战爆发时,刘湘已经到了肺结核晚期,经常大口吐血,但他说:我从清末到民国打了几十年仗,杀了不少人,但打的杀的全是中国人,我有罪。没想到日本人来了,给我和川军一个机会,我们可以以日本人的血,洗清我们四川军人的耻辱。然后他把 30 万川军带出四川,把四川让给中央。临出征前,他又病了,但他依然说:我必须去,死都要死在前面。最后果然死在第七战区司令的岗位上,留下遗言:"抗战到底,始终不渝,即敌军一日不退出国境,川军则一日誓不还乡!"从此,每天早晨川军出操或出征,都要呼喊这句话,以激励士气,直到抗战胜利。这就是我们川军!

比如,抗战老兵手印广场。樊建川搜集了几千多位抗战老兵的手印,然后将这些手印印在广场上一排排的玻璃墙上。樊建川说:"当年他们挥舞大刀、长矛,投掷手榴弹、埋地雷、炸碉堡,力挽狂澜,扭转乾坤,用手挡住了来势汹汹的日本兵。老兵可以走,精神不能走,我留下一个手印,就留下一份力量。"他这样描述手印广场:"在手印广场前面一站,排山倒海全是手印。每当我面对这些鲜红的手印,眼前总会出现幻觉,仿佛与日军拼杀的一队队将士正从沙场远远地走来,带着豪情,带着疲惫,带着悲壮……他们坚定地走来,庄严肃穆地走来,不用开口说话,因为任何话语和行动都显多余。他们是青山,他们是大川,他们是中华民族的脊梁!"

……

2007年,几十位国共双方领袖人物和高级将领的后代,如毛泽东之女李敏、周恩来侄女周秉德、左权之女左太北、聂荣臻之女聂力、郑洞国之孙郑建帮、李仙洲之子李德强、郑庭笈之子郑心穗……来到壮士广场举行"向中国抗日壮士致敬仪式"。

有一个说法一直很流行,即国民党军队抗战牺牲了两百多位将军,而共产党只牺牲了一个左权。樊建川认为这个说法是不科学的,也不符合历史事实:"因为共军未授军衔,如果按照旅级以上干部算将军的话,共军的数量也不少,比如杨靖宇、赵一曼、赵尚志等等。还有一个特点就是共军是敌后战场,如果把地方地委以上的牺牲干部算上的话,我初步统计也有一百余人。我觉得这样来看待,比较公道。"

什么叫"全民抗战"?樊建川在《抗俘·壮士无疆》中写道:"在中华民族的历史上,时而会有壮士凌空跃起。到了艰苦卓绝的抗日战争时期,中华民族被逼到了亡国灭种的最危险的关头,我们被迫发出了最后的吼声。民族血性完全激活,民族壮士层出不穷。地不分南北,人不分老幼,操刀操枪操锄头操扁担,即使赤手空拳也要争先恐后扑将上去,与入侵倭寇拼个鱼死网破你死我活。在中国疆土的天空,成群结队的男壮士、女壮士、老壮士、小壮士升腾而起,像春节的礼花一样轰鸣灿烂。"因为全民皆兵,破釜沉舟,拼死抵抗,也因为世界反法西斯战争的大背景,我们最终赢得了这场惨胜的战争。

我们每一个人都从历史中走来,却并不是每一个人都明白我们走过或离我们并不远的历史,有人甚至不愿意正视历史;我们每一个人也必将走进历史,却并不是每一个人都能经受得住未来对今天的我们的审视与拷问。因此,做一个无愧于历史,无愧于时代,无愧于未来的人,不仅仅是"大人物"的使命，也是我们每一个普通人的责任。我和樊建川素不相识，但同是四川人，而且还是同代人，因此共同生活经历的时代赋予我们对国家、对民族、对历史、对未来一种共同的情怀。当然，在这方面樊建川比我做得好，他对中国的贡献更大，但我也愿意以自己虽然微弱却同样有力的声音和他一起呼吁呐喊——

"为了和平，收藏战争；为了未来，收藏教训；为了安宁，收藏灾难；为了传承，收藏民俗。"

2017 年 10 月 7 日

和老一辈大师相比，我们连学者都谈不上

——读李辉新作《先生们》

一

20世纪80年代末，一本《胡风集团冤案始末》让我那时还算年轻的眼睛随着作者的文字穿透几十年的岁月，直视历史现场。

当时，"万类霜天竞自由"的学术氛围已经开始渐渐冷却，几位当时叱咤风云的报告文学作家或落马，或逃亡，李辉的文字让我在某种窒息中感到了某种希望。我想，中国刚刚从"十年浩劫"中醒来不久，"胡风冤案"应该不会重演。

但一时"高天滚滚寒流急"，我还是担心他会不会"出事"，所以特别关注他的动静。还好，后来我继续在《沧桑看云》《往事苍老》《人生扫描》《敬畏真实》《和老人聊天》《八十年代亲历记》等著作中，读到了他温和而有力度的文字，一直到《封面中国》，一直到今天的《先生们》。

和文体明星相比，李辉当然算不得耀眼的名人，但因为他笔下的人物都是我所敬仰的文学大师或艺术巨匠，所以，30多年来，我一直默默地"追读"着李辉的著作，并不断给我的历届学生推荐。记得90年代上海的《语文学习》杂志有一个专栏叫"青春书架"，编辑向我约稿，我先后推荐了三本书：傅雷的《傅雷家书》、亚米契斯的《爱的教育》和李辉的《风雨中的雕像》。

我甚至还将其中的篇章作为补充教材，印发给学生研读。就这样，30多年来，李辉的文字一直陪伴着我，他笔下的大师们也一直伴随我。从青春岁月，到花甲之年。

李辉的文章为什么对我有吸引力？

毫无疑问，首先是李辉笔下的老人们在我眼中有着无穷的魅力，那些我最初从教科书以及许多名著封面上读到的名字，通过他的一篇篇文章而在我心中活了起来，一个个都是泰山北斗，真的是高山仰止。80年代这些大师还健在，李辉通过"和老人聊天"，让我听到了这些从30年代走来的知识分子的声音，甚至感受到了他们的呼吸。他们不再遥远，而就在我身边。也许我孤陋寡闻，反正在我有限的视野中，如此集中地采访、研究、叙述中国现当代的人文大师，李辉是第一人。

我读过不少记者的名人采访，大多是一问一答的记录，而李辉不然，他是把自己融入老人们的历史，用心感受老人们脉搏的跳动，和他们进行历史的对话、现实的交流、思想的沟通和情感的共鸣，当然，还有嘘寒问暖的家常话和柴米油盐的龙门阵（四川话，聊天）……于是，这些已经雕像般屹立于历史，同时又还常人般生活于现实的先生们，便通过李辉深邃的思考、温情的眼光和细腻的文笔呈现在了我们面前。

但李辉笔下的这些先生们，毕竟不是普通人。一个人就是一部书，而且这部书不但是这个人的历史，更是其所处时代和社会的"镜子"。先生们从原野走来，从硝烟中走来，从风雨中走来，从高墙走来，李辉是把他们置于20世纪的背景下，通过写他们个人的命运，展示20世纪中国的历史。李辉特别善于通过人物本身的经历来展现其曲折的命运和独特的人格风采，进而让读者通过一个人看到一段历史和一个时代。他们跌宕起伏的经历，正是中国惊心动魄的昨天。我读李辉的每一个字，都心潮起伏，喟叹不已。

二

最近读李辉新作《先生们》的时候，我依然是这种感觉。

其实，本书所涉及的巴金、冰心、常书鸿、黄永玉、贾植芳、李泽厚、梁漱溟、沈从文、王世襄、汪曾祺、吴冠中、萧乾、于光远、周有光等37位先生，在作者以往的著作中多次出现，但《先生们》依然富有新意，这个新意就是浓浓的人情味。

和以往重点写人生命运不同，该书主要写的是先生们和作者的交往——除了梁漱溟、邵洵美等个别先生作者没见过之外，书中其他的先生都和作者有密切的私人联系，包括频繁的书信往来——这是令人羡慕的。因为这些见面大多并非正式的采访，而是朋友般（忘年交）的相处，无论是作者还是读者，从巴金们身上感到的就不仅仅是教科书上的"高尚人格""深厚学问"，而是极具日常生活气息的"先生风范"。

请让我举几个书中所写的例子。

1985年，李辉在《北京晚报》编辑"五色土"副刊时开设"居京琐记"栏目，专门请居住在北京的文化界人士写他们生活于此的酸甜苦辣。他去信请李泽厚赐稿，很快收到先生回信：

李辉同志：

惠书奉悉。居京琐记，我很爱读，但未必能写好，当勉力为之，唯时日未定。匆复。

敬礼

李泽厚

十、廿

30多年后，李辉写道："那时的前辈，对年轻人的来信，总是有求必应，哪怕没有文章来，也会简略回复几句。许多年后，读前辈的信总是让人温暖，就是这个原因。"

而且，这样的信，不只是李泽厚写过，包括巴金、冰心在内的大作家，都给李辉有过类似的信件——当时李辉不过是一家报纸的副刊编辑，一个工作没几年的年轻人。对人的尊重，是那一代先生自然而然的生活习惯。

读到这里，我也感到温暖，同时有些惭愧。

李辉曾在给李泽厚先生的信中，对先生《走向科学的美学》的译序提了些意见。李泽厚先生在回信中说："所提《走向科学的美学》译序意见很好。……谢谢你的批评。"

这就是先生之风。作者写道："今天再读，令人感动。"

李辉特意说明："其实，不只是李泽厚，有不少老前辈对年轻人提出的意见，总是虚怀若谷，坦诚相对。"

而"虚怀若谷，坦诚相对"正是那一代先生的共同的风范。

1997年，作者随一批老作家前往杭州参加一个笔会。李辉的房间与黄宗江相对。有一天早晨，早起的黄宗江说话大声了一些，而他的房门又没关，让习惯晚起的李辉"实在无法忍受"，"我跑了过去，大嗓门对他说：'你能不能声音小点儿？把门关上？'他大概没有见过我这样不懂事的后辈。阮阿姨也说他，黄宗江连说：'好的，好的。'吃饭时，我一个劲儿地道歉，他也是一笑而过"。

一个有血有肉的黄宗江跃然纸上。面对晚辈的批评与抱怨，从善如流。这样的名家，恐怕现在不多了。

三

姜德明先生曾主编一套"现代书话丛书"，李辉将自己在《中国青年报》专栏上写的一组书话小品整理后寄给姜德明先生。先生阅后给李辉写信，提出若干意见和建议。先生在信末又补充一句："来我处改原稿亦可，可免往返寄稿之麻烦。又及。"

李辉在书中提到这个温馨的细节时写道："多年之后，再读此信，依然感动。""与前辈交往，在他们身上感受注重细节，对自己或多或少有所补充。"

吴冠中先生给李辉画了一幅画，然后给李辉写信——

李辉同志：

给你作了一幅小画《忆江南》，虽极简，在我的水平上质量不差。正拟挂号邮寄，已写就信封，但考虑别人会不会以为是稿件，如你不在京可能被代拆，故先问问你，是否就直接寄来？

握手！

吴冠中　廿七日（10月）

为别人画了画，还要考虑如何给别人带去方便，如此体贴入微！总是为别人着想，尽量不给别人添麻烦。这在我们看来是一种修养，而在老一代先生那里，是一种本能。

让我动容的，还有先生们的爱情。在那个时代，先生们大多有过妻离子散、骨肉分离的人间悲剧经历。在无边的暗夜里，纯净而忠贞的爱情愈加珍贵，也尤为动人。当然，所谓"动人"是若干年后我这样的读者才有的感觉，而作为当事人的先生们，则觉得那是一种自然的人性。

书中写了吴冠中先生这样一件事——

90年代初，妻子突然患了脑血栓，半身不遂。可以想象，这对吴冠中是一个多么大的打击。在她住院期间，他的生活规律和创作规律都被打破，他心神不宁地惦挂着妻子，而儿女又不让年岁已高的他常去医院。一天下午，他一个人独自坐在家里，似乎什么也不愿意去想，任凭时光流逝。突然电话铃响了。过去都是妻子接，为他安排一切。他拿起电话，话筒里直呼他的名，是女人的声音，他大概猜想是哪个老同窗来问候她的病情吧，但恰恰是他的妻子！原来她也惦挂着家中的吴冠中，居然从病房被扶到电话机前同他直接通话了。中风后的她，声音已有所不同，他竟然听不出她的声音，他为妻子挣扎着来打电话而感到意外。因这突然和偶然，他哭了，哭她复活了。

这样的爱情，朴素而伟大。

四

李辉是贾植芳先生的弟子。50年代，先生与妻子任敏先后因"胡风案"

被捕。作者写道——

任敏 1962 年出狱，回到贾植芳的家乡山西襄汾，与公公婆婆一起生活。她必须承担起照顾他们的责任，是她先后将两位老人送终，而这几年，贾植芳一直被关押在上海监狱。

回到家乡，任敏到处打听贾植芳的下落。经过多方打听，她得知丈夫仍关押在上海的提篮桥监狱。于是，便有了贾先生回忆中的那个感人细节：

一九六三年十月，我突然收到了一个包裹，包裹的布是家乡织的土布，里面只有一双黑面圆口的布鞋，鞋里放着四颗红枣，四只核桃，这是我们家乡求吉利的习俗。虽然一个字也没有，但我心里明白，任敏还活着，而且她已经回到了我的家乡了。这件事使我在监狱里激动了很久很久……（《做知识分子的老婆》）

读到这里，我的眼眶发热。十多年没见面而且彼此音讯隔绝的夫妻，以这种"地下工作"的方式传递着温情。

李辉继续写道——

1966 年春天，贾植芳出狱，但仍属管制对象，任敏与他只能书信往来。直到一年多之后的 1967 年 9 月，她终于凑够钱，乘上开往上海的火车。她没有告诉贾先生她要来探望的消息。她来到贾植芳的住所时已中午，贾植芳还没有回来，她静静地躲在宿舍大门后面的角落。她害怕碰到认识的人。贾植芳回来了。他刚走进大门，手提包袱的任敏突然在旁边叫了一声："植芳，我来了！"

感人的一幕。

写到这里，李辉特意说明："我的叙述没有一点儿加工，甚至比任敏师母的回忆还要简略、平淡。可是，当年在他们住的那个小阁楼房间里第一次听到她回忆这些往事时，我沉默了好久。"

而我读到"植芳，我来了！"这五个字时，我的眼里已经噙满泪水。

1979 年 10 月 5 日，贾植芳在日记中写道——

今天是古历中秋节，也是二十多年来和敏在一块第一次过这个团圆节，今天听人说了一句笑话："在月亮下面人人平等。"她在市区买回一些猪头肉，两个人对饮几杯，月亮圆圆地挂在窗外的上空。

引用了这则日记后，李辉评论道："二十多年后，在复旦校园的宿舍里，他们终于一起彼此相依，坐在中秋节的月光之下。他们的苦难爱情，终于等到了月圆。"

2002年，任敏离世。李辉写道——

遗体告别仪式时，贾植芳先生面对妻子忽然双腿跪下，双手支撑地面，恸哭不已，许久不肯站起。看到这一幕，我们许多人都哭了。

读到这里，久蓄的泪水终于夺眶而出。

五

周有光先生在妻子张允和去世七年后写了一篇题为《窗外的大树》的散文，那年，先生已经103岁。在这篇散文中，周有光写到曾与张允和一起悠闲地度过晚年——

两椅一几，我同老伴每天并坐，红茶咖啡，举杯齐眉，如此度过了我们的恬静晚年。小辈戏说我们是两老无猜。老伴去世后，两椅一几换成一个沙发，我每晚在沙发上屈腿过夜，不再回到卧室去。

我的眼睛久久凝视着"我每晚在沙发上屈腿过夜，不再回到卧室去"，想象着年逾百岁的先生，屈腿于沙发独守长夜思妻的情景……

那一代先生们这样的爱情已经成为古典的童话，但愿不会成为无法重现的神话。

李辉还写道——

我所熟悉的不少前辈，淡泊名利，对后事尤其不在意。丁聪去世后，沈峻（丁聪夫人）在医院签字后即离开，将遗体捐献给医院自行处理，连骨灰都没有留下。每念及此，令人感慨万千。

是呀，对比现在某些汲汲于名利的"文化人"，我也感慨万千。

其实，先生们最能打动我心灵的，首先不是他们等身的著作（而且很多都是名著）和影响深远的思想，而是上述种种在他们的著作中看不到的"另一面"。类似"植芳，我来了！""屈腿过夜，不再回到卧室去""在医院签字后即离开"这样的细节，让他们的形象在我眼中更加丰满而光彩照人，可亲可敬。

但如我前面所说，这些先生们毕竟又不是平常人，他们是创造现当代中国文学艺术辉煌时代的大师——没有了他们的名字，现当代中国的文学艺术还有什么灿烂可言？他们对自己有着明确的历史责任感，如萧乾在给李辉的信中所说："人，总应有点历史感，其中包括判定自己在历史中的位置。"

李辉这样评价先生们——

我接触的许多先生，无论在任何环境里，哪怕身处逆境，做事一直是他们心中所系。做事，让他们内心沉稳从容。文化的一点一滴，其实就是在做每一件事情的过程中的积累、延续。正是如此，他们的生命才没有荒废，才在文化创造中安身立命。

都说他们那一代人经历了太多的战乱与动乱，可谓"岁月蹉跎"。但现在回望20世纪的中国，正是因为有了哪怕身处逆境也不停地做事的先生们，文学艺术的殿堂才琳琅满目，动荡了大半个世纪的中国，多少有了一些文化尊严。

刘再复读了李辉的《胡风集团冤案始末》后曾对他说："通过胡风，您把一代知识分子的命运展示出来了。"

读了《先生们》后我想说，李辉把一代先生们的内在精神与外在风采展示出来了。他用文字为我们铸造了离我们并不遥远但大多已经走进历史的先生们的群雕。

六

我虽然只是一个普通的中学教师，但也有幸拜访过《先生们》中的几位先生，尽管我和他们的交往远不如李辉那么长久而深入，但先生们谦卑的态度、温和的言语、优雅的举止，以及对客人（这里当然指的是我）细致入微的关心，久久感动着我，让我至今难忘。

我想说，那是一种深入骨髓的对人的平等与尊重，而不是像有的官员那样做出来的"平易近人"。

20多年前，我在苏州第一次见于光远先生时，他对我说："你说教育要讲人道主义是对的，但是还不够，教育不但要讲人道主义，还要讲tóng道主义。"我当时没听明白："tóng道主义？"他说："'儿童'的'童'，童道主义！"

饭后他请秘书将自己的一份自我介绍分送给在座的每一个人，他特别指着我当时还在读小学的女儿对秘书说："别忘了小晴雁啊！也要送一份给她！"然后特意拉着我女儿的手说："跟爷爷一起合个影，好吗？"

这个细节，让我明白了什么是他所说的"童道主义"。

今天，在《先生们》中，我再次"见"到了于光远先生。看到李辉写他"童心与乐观同在"，我一下就想到他说的"童道主义"。

李辉写了于光远先生重返母校时的发言，其中有这么几句："我们中国要前进，世界要前进，我们社会要前进。前进就要思考，就要想问题，要创造，自由是创造的前提，创造万岁。"

这也是那一代知识分子对国家对世界对未来的憧憬。

1998年底，在展望新世纪时90岁的萧乾写了这样一段话——

即将迎来二十一世纪。我对我们这个民族满怀希望。我希望我们能充分吸取往昔的教训。我衷心预祝未来的中国不但富强而且也是一个自由、文明、合理、公正，一个畅所欲言、各尽其能的国家。

这是那一代先生们的中国梦。

读李辉我经常会想起我另外两个朋友：马国川和谢泳。前者以采访学界名流和中外政要著称，目光敏锐，思想开放；后者以研究中国现代知识分子见长，内心热忱，善于以理性而含蓄的文字表达自己深刻而独到的见解。李辉似乎兼有我这两位朋友的长处，他以著名记者的身份遍访文坛巨匠，当代名家几乎"一网打尽"；其表达温文尔雅，节制内敛，于不动声色中散发出思想与情感的热量。

顺便说一下，该书还配有大量珍贵的照片，有先生们过去的"老照片"，也有他们晚年生活的"近照"和与李辉的合影。翻开这些照片，会感到先生们一双双善良、睿智的眼睛，正从并不遥远的历史深处注视着读者，也注视着今天和未来的中国。

读完岳南的《南渡北归》后，我说过："和老一辈大师相比，我们连学者都谈不上。"

读完李辉的《先生们》，我要说："现在只有教授，没有先生。"

真的如此吗？

2020 年 7 月 21 日

"一本回忆录是一片昨天的云"

——读"王鼎钧回忆录四部曲"

朋友送我一套"王鼎钧回忆录四部曲":《昨天的云》《怒目少年》《关山夺路》《文学江湖》。

作者王鼎钧,为著名旅美华人作家。1925年出生于山东的他,历经抗战和内战,后到台湾,晚年赴美。其人生角色几经变换——曾当过抗日游击队员、流亡学生、国民党宪兵、解放军俘虏、台湾报社主编……90多年的经历,本身就是一部个人版的中国现当代史。何况他本人是作家,用文字展示自己的一生,更是得心应手。因此他被誉为"一代中国人的眼睛"。

在序言中,王鼎钧先生引用了台湾著名诗人痖弦的名句:"今天的云抄袭昨天的云。"然后他解释说:"一本回忆录是一片昨天的云,使云片再现,就是这本书的情义所在。"

我多次说过,如果从历史真实性的角度讲,个人回忆录是很难作为真实的史料来看待的。因为由于种种主客观原因,作者很难不有所遗忘,有所模糊,有所隐瞒,有所夸张,甚至编造……完全靠个人回忆录去考证历史,基本上不靠谱。

当然,我并不因此而否认个人回忆录的价值,至少某些历史事件的时间、地点、人物、经过,还是有参考价值的,而且对同一事件,只要我们以不同的史料相互比较,还是可以接近真相的。

王鼎钧先生这套"回忆录四部曲",写的是自己从出生到暮年的生活道路,都是寻常中国人的寻常事,如他自己所说:"回忆录不预设规格,不预谋效果。"

不过,因大时代的缘故,其生平经历便打上了历史的烙印。20世纪,于世界是一段风起云涌的历史,于中国是一个摧枯拉朽的时代。剔除枝蔓,仅粗线条地罗列抗日战争、国共内战、两岸对峙这几件大事,都深远地影响了千千万万普普通通的中国人;反过来,这几十年中每一个中国人的命运沉浮和喜怒哀乐,都折射出大时代的风云。

因此,王鼎钧先生的回忆录便显出了意义,这个意义即已故著名历史学家高华所说:"让我们知道一个普通的中国人在过去的二十世纪所经历的痛苦和所怀抱的梦想、希望。"

"王鼎钧回忆录四部曲"共一百余万字,分别为《昨天的云》(写故乡、家庭和抗战初期的遭遇)、《怒目少年》(写他在抗战中作为流亡中学生辗转安徽阜阳、陕西汉阴等地的颠沛流离、见闻与思考)、《关山夺路》(国共内战中,从宪兵到俘虏,从大陆去台湾的经历)、《文学江湖》(写在台湾30年的办报撰文的文字生涯,从个人的视角感受记录了台湾的大历史和一己的小悲欢)。

该书的封二印着一段话:"从1992年到2009年,王鼎钧历时17年陆续发表'回忆录四部曲'。这四卷书融人生经历、审美观照与深刻哲思于一体,显示一代中国人的因果纠结、生死流转。"

我觉得,这样的评价略有夸张,但作为20世纪有血有肉的个人史,这四卷书还是值得一读的。

面对这样的鸿篇巨制,我无力作全面的评述。只想就书中的几个细节谈谈感想。

最近几年,媒体批评一些人歪曲历史的手法之一,就是将历史"碎片化",以零星琐屑的"碎片"取代历史,以偶然否定必然。我理解,这里所说历史的"碎片",指的就是历史的"细节"。

是的,宏大的历史有其自身的逻辑与不可抗拒的力量,后人仅仅以局部的甚至是偶然的"碎片"是难以解释整个历史进程的,哪怕把这"碎片"擦得多么明亮耀眼。

但是，我们也应该看到，无论多么宏大的历史，它都不是空洞的，而是由一个又一个事件构成，由一个又一个人物推动，它是丰满的、立体的，又是多彩的、形象的。不是所有的"碎片"都能反映历史的真相，但也不是所有的"碎片"都不反映历史的必然。

举一个例子。

1949年3月23日，中共中央从西柏坡起程前往北平时，毛泽东说："今天是进京的日子，不睡觉也高兴呀。今天是进京'赶考'嘛。进京'赶考'去，精神不好怎么行呀？"周恩来也说："我们应该都能考试及格，不要退回来。"毛泽东说："退回来就失败了。我们绝不当李自成，我们都希望考个好成绩。"

在中国共产党28年夺取全国政权的浩荡征途中，这无疑是一个细节，或者说是一个"碎片"，但这个细节（碎片）却表现了中国共产党豪迈的自信与深远的忧患。所以毛周两人之间这短短的对话，在中国共产党和新中国的历史上留下了久久不绝的回响。

用这几句对话来评价当时中国共产党领袖的心态，你能说这是"肢解历史""歪曲历史"的"历史虚无主义"吗？

显然不能。所以问题的关键不在于是不是"碎片"，而在于是怎样的"碎片"。

我从王鼎钧先生的回忆录中，就读到几个细节（碎片），感慨良多。

王鼎钧先生写到了1938年3月，国军与日军在临沂的一次战役，这是台儿庄会战的一部分。

作者写道——

两军血战，伤亡难计，国军部队的连长几乎都换了人。

一位老太太的儿子在张自忠将军部下担任班长，一个冲锋下来，连长阵亡，排长升为连长，这位班长奉命担任排长。又一个冲锋下来，新任连长阵亡，这位刚刚升上来的排长奉命代理连长。一日之内，连升三级，再一个冲锋，他也壮烈牺牲，这回不用再派人当连长当排长了，全连官兵没剩下几个人。

那时，日本有世界第一流的陆军，板垣师团又是日本陆军的精锐，却在这场战役中一再败退。

作者写了一个细节——

在那以步枪为主要武器的战场上，一个训练良好的步兵装子弹，举枪，瞄准，扣扳机，击发，子弹射中目标，一共需要十秒钟，而在这十秒钟内，对方另一个训练良好的士兵可以跃进五十公尺。

这就是说，如果在五十公尺以内，有两个敌兵同时向你冲过来，你只能射死其中一个，另一个冲上来，你只有和他拼刺刀。

可是，同时有十个敌兵冲上来，你怎么办？

所以，那时候就应该知道，"人海战术"是有用的。

这几段话让我很难受。我知道抗战中，一般情况下，中国军人和日本鬼子的死亡比例是5：1，即牺牲五个中国军人，才能打死一个日本鬼子。当然，我至今不是太相信这个比例，但中国军人伤亡数字远在日本鬼子之上，这是事实。我想到去年我亲临台儿庄战役遗址参观，知道所谓"台儿庄大捷"，是以中国军队沉重的伤亡代价取得的。在历时一个月的激战中，中国军队约29万人参战，日军参战人数约5万人。中方伤亡5万余人，毙伤日军2万余人（日军自报伤亡11984人）。

正因为如此，抗战中的中国军人，无论是国军还是八路军、新四军、东北抗联，都是十分英勇悲壮的。

正是无数这样的"历史碎片"赋予今天的我们以热泪盈眶的感动。

作为流亡学生的少年王鼎钧，当年从山东到安徽，再到陕西，一路上要经历无数关卡。作者写到一个细节："检查行李由中国人动手，日兵监看。检查员一面翻箱倒柜，一面偷看日兵的脸色，如果日兵心不在焉，他就马虎一点。"

这和我们在影视剧里看到的汉奸太不一样了，那些汉奸都是一副凶恶样，对自己的同胞轻则刁难，重则打骂。当然，这样的汉奸是真实的。但作者写的这些汉奸也是真实的。

也是在过关卡的时候，面对一名伪军上校的盘问，作者和一群女生犯难了，如果说实话就过不去，因为日本人就是追查这些流亡学生的，但如果不说实话，那军官是很难骗过的。"我们编好的谎话，他摇头不听，我们提出的探亲证明，他摆手不看，一定要我们实话实说，才肯放行。可是，说了实话真能过关吗？万一结果相反呢？当时的情况危险极了，可是也简单极了，拖到不能再拖的时候，那位漂亮的女生在上校的耳旁悄悄说了一句：'我们是到阜阳升学的学生。'真没有想到，上校很爽快：你早说这句话，不早就过河了吗？他真的听到实话就放行，他这样做，为的是证明他也支持抗战，身在曹营心在汉。"

这样的汉奸，我相信，在历史中也是真实存在的。

还有一段也让我无比感慨——

七七事变发生后，有一个青年对他的母亲说："我已经十八岁了，不应该留在家里，我要去参加抗战。"

母亲非常感动，问他打算跟谁一起。

他说："我去参加八路军，您看好不好？"

母亲说："很好！很好！"动手为儿子准备行李。

三年后，这个青年的弟弟对母亲说："我也十八岁了，我要参加抗战。"

母亲非常感动，问他打算跟谁一起。

他说："我去参加中央军，您看好不好？"

母亲说："很好！很好！"动手为儿子准备行李。

可怜的老百姓，可爱的青年，他们怎能料到，他们以后用很多很多时间互相厮杀。

那时，有人到大后方（后来叫做国统区），有人去解放区（当时也叫共区）。大半由因缘决定，人人以为殊途同归，谁能料到这一步跨出去，后来竟是刀山血海，你死我活。

中华人民共和国成立以后，二十二中的老同学屡次受到严厉的责问：你当年为什么不投奔解放区？被问的人哑口无言，因为它实在没有答案。

对于普通百姓而言，当时的选择就是一个偶然的细节，但在天翻地覆的时代风云中，这所谓的"偶然的细节"，却决定了选择者后来一生必然的命运。

作者这里说到的二十二中，也是值得大写特写的。当时国军将领李仙洲将山东的流亡学生收容起来，办了一所成城中学（寓意"众志成城"），并亲自担任校长。后来这所学校由国家来办，定名国立第二十二中学，一切经费包括学生的生活费，都由教育部负责。当时的教育部长陈立夫说："孩子进流亡学校，至少他的父母不会去当汉奸。"当时，沦陷区流亡学生在后方中等以上学校读书，先是政府负责费用，后来改成贷金（实际上学生毕业后是否还贷全看个人情况），这一笔庞大的费用，在国家财务支出上仅次于军费。要知道，那是在非常艰苦的抗战年代！当年国民政府对教育的重视——还不仅仅是对西南联大等高等教育的重视，由此可见一斑。

作为校长的李仙洲，就学术而言，正如作者说："不能拿他跟胡适、张伯苓比，你得拿他跟同时代的总司令比。"但他对二十二中的学生，那是发自内心地疼爱。在宣布成城中学已由教育部核准改为国立第二十二中学的时候，他对全校孩子说："我感谢山东父老对我的信任，我决不辜负他们的期望，我能带十万大军，也一定能带好你们这些娃娃！"此语一出，掌声雷动。李仙洲几次举手示意，掌声并不停止。作者写道："许多同学是一面流泪一面鼓掌的。"

作者还回忆了一个细节——

操场旁边、接近教室的地方有几口水缸，炊事班每天烧些开水倒在里面，供学生饮用。每天早操后、晚自习前，同学们拿着搪瓷漱口杯叮叮当当抢开水。这天李校长吩咐炊事班长："别让那些孩子喝生水，开水要管够，水缸不许见底。"此语一出，开水用之不竭，脚气疥疮都烫得舒舒服服。

所以，几十年后，当年二十二中的孩子们一提起他们的老校长，依然流泪。

有时候，宏大的历史画卷，因细节的魅力而亲切，因碎片的生命而鲜活。

这就是我愿意给大家推荐此书的原因。

2020 年 5 月 25 日

最大的悲剧，是没防住自己

——读端木赐香《真假袁世凯辨别》

我和作者端木赐香认识的时候，她还不叫"端木赐香"而叫"三糊涂"，算起来我俩"建交"快 20 年了。

最初是欣赏她妙趣横生的文笔，后是钦佩她细致严谨的治学，再后来我发现她最可贵的是勇于且善于独立思考。我并不是说她的每一个观点都正确，但至少她不人云亦云，每每在众口一词的时候，为我们提供了另一种思路，或者说另一双眼睛。

比如这本《真假袁世凯辨别》。

关于袁世凯，许多人（包括我）一提起这个名字往往会不屑，会想到他身上的两个标签："窃国大盗"和"复辟帝制"。

读了端木赐香的《真假袁世凯辨别》，我感觉"复辟帝制"是铁板钉钉，谁都无法为他洗白；而"窃国大盗"则不那么简单。

作者并没有简单地从"任何人都不是非白即黑那么简单"的理念出发，去刻意呈现袁世凯一生的"复杂性"，而是从史料考证出发，以事实为基础，再辅之以严谨的逻辑推理，用常识说话，进而给我们呈现了一个相对接近真实的袁世凯。

所谓"窃国大盗"，是说他窃取了辛亥革命的果实，拥兵自重迫使孙中山先生放弃大总统的职位，直接阻断了中国的宪政进程，等等。

然而，袁世凯当上中华民国第一任总统，明明是孙中山和袁世凯经过正式严肃的南北和谈的结果。

书中写道：辛亥革命后革命党人开会，"会议决定，如袁世凯反正，当公举为临时大总统。革命党也知道，凭武力自己打不过袁世凯，何况凭武力真的是生灵涂炭，不如光荣革命一次，既减少流血牺牲，还可以让革命马到成功"。

和革命党人谈判前，袁世凯给全权代表唐绍仪交代了自己的底线，定下的基调是："君主制度万万不可变更，本人世受国恩，不幸局势如此，更当捐躯图报，只有维持君宪到底，不知其他。……将来国民程度渐渐开通，懂得共和的真谛，再慢慢改为共和政体。"

袁世凯当然更倾向于君主立宪而非共和，但他并不反对共和，只是担心激进，认为老百姓素质低，搞"共和"怕天下大乱，而稳定压倒一切，还是走渐进的路子，"将来国民程度渐渐开通，懂得共和的真谛，再慢慢改为共和政体"。

而孙中山明确表示："如清帝实行退位，宣布共和，则临时政府决不食言，文即可正式宣布解职，以功以能，首推袁氏。"后八个字，既是孙中山的真话，也是袁世凯的实情。当时之时，才干加上实力，只有袁世凯能够稳定秩序，和平过渡。但实行共和，是孙中山的底线。

因此最后达成的协议中，袁世凯答应实行共和政体，而孙中山把中华民国非常大总统的权力交给袁世凯。袁世凯果然说服清室退位。清帝下诏退位的第二天，袁世凯致电南方，宣布赞成共和。端木赐香评价道："袁世凯与革命党都成功了，袁世凯逼宫成功，革命党人共和成功。"

这是博弈的结果，而不是"窃"的结果。革命党人那么好骗吗？太低估孙中山和他战友们的智商了。

当然，我同意端木赐香的分析，袁世凯宣布共和是被逼的。因为前面说了，他骨子里还是希望搞君主立宪，认为这样比较符合"中国国情"。可我们不能因此说他这个大总统是"窃"来的。

但正因为是被逼共和，就为他后来复辟帝制埋下了伏笔。

关于"复辟帝制"，袁世凯的确接受帝位，推翻了共和，改国名为"中华帝国",不过作者认为"帝制"分两种,一种是中国的秦制,即秦朝以来所实行的"帝制",另一种是当时英国、日本、德国那种实际上是君主立宪制的"帝制",而袁世凯所设想的帝制,应该是类似于君主立宪的"帝制",他称作"洪宪帝制",只是还没有开始便破产了。

但无论如何,他想做皇帝,这是确凿的事实。

我曾不太理解,以袁世凯的雄才大略,或者降低一点说吧,凭他的智商,他难道不知道复辟帝制不得人心?就算他对共和一直是被动接受,而对君主立宪情有独钟,但赤裸裸地宣布废共和、立帝国,他称帝的"勇气"从何而来?著名史学家唐德刚说,袁世凯乃"我国历史上少有的治世之能臣,第一流的行政管理人才",可这么聪明能干的一个人,为何头脑发昏犯糊涂到了匪夷所思的地步?

作者说:"袁世凯终身最笨的一着,就是称帝。"然后,她写道:"我们现在很难说清楚,袁世凯这称帝是让时事逼的,还是源于自己心贼的膨胀?是身边宵小忽悠的结果,还是想当皇储的袁克定的策划?是民意的反弹,还是家族男人活不过六十的风水催的?总之,他扭扭捏捏地走向了称帝的不归之路。"

袁世凯称帝,除了他本人钟情帝制这个内因之外,还有不可忽视的外因。或者说,当初袁世凯并没有那么明显强烈的当皇帝的欲望,但因为种种诱因,他的内心深处沉睡的皇帝梦被激活了,而且愈发膨胀。用作者的话来说,"老袁一开始并没有称帝的意思,只不过架不住外间的纷扰与哄抬,当然也不是没有民意的成分"。

所谓"外间的纷扰与哄抬",指的是一些遗老遗少"共和不如亡国奴"的上书(这类上书不多,但的确有),外国人的怂恿支持,还有一帮"专家"的论证与鼓吹,以及"汹汹民意"。

零星上书和外国势力暂且不表,单说专家论证鼓吹及民间的请愿与鼓噪,就没几个明白人能够不被忽悠的,最后智商降为零。

我说"专家"当然是现代用语,人家叫"筹安会",专门研究什么政体才适合中国,他们是当时的大学者,智商超群,学问一流,视野开阔,比如严复，比如杨度（此人一生颇为传奇，直到1980年代，媒体才公布了周恩来病危期间留的证言——"杨度同志是共产党员"），比如刘师培……他们其中任何一个人在思想学术上对中国的影响都可以说是惊天动地的。这批大师帮着袁世凯做"顶层设计"。

杨度专门写有《君宪救国论》，中心大意是：中国国民好名而不务实，辛亥之后，必欲逼成共和，反而耽误中国的救亡之策；以二次革命之例推之，此后国中竞争大总统之战乱，必致数年一次；共和政治，必须多数人民有普遍之常德常识；君主乍去，中央威信远不如前，遍地散沙，不可收拾；中国即使共和，也必得以专制精神才能治也；人民虽愚，但民权方面，宁可少与，不可欺民，咱得真立宪。

严复说得更直接："按目前状况，中国是不适宜于有一个像美利坚合众国那样完全不同的新形式的政府的。中国人民的气质和环境将需要至少30年的变异和同化，才能使他们适合于建立共和国。"

再说得通俗些，就是国家不能乱，中国有中国的国情，老百姓的素质就这样，我们不是不要共和，得慢慢来嘛！这话我们是不是很耳熟啊？

有理论思考，有现实考虑，还想到了未来；既高屋建瓴，又很"接地气"，利害得失，全想到了。袁世凯能不动心吗？

何况还有汹涌澎湃的"民意"，即袁世凯亲信组织的"全国请愿联合会"。作者说："这应该是中国历史上首次红包大动员了，吃饭、看戏，大有大份钱，小有小份钱，于是公民请愿团出笼。"不只是"公民请愿团"，还有"军警请愿团""商会请愿团""人力车夫请愿团""女子请愿团""乞丐请愿团""妓女请愿团"……他的亲信就这样大搞舆论造势，把帝制打造成"亿万人民的共同心愿"。

袁世凯被"民意"深深地"感动"了，更被深深地打动了。他想：既然全国人民都这样了，我怎么能够与人民为敌呢？于是，他向参政院表示："本来应该维持共和政体的，本来这个总统职位就是人民给的，人民现在想改变国体，我们也得深加注意，听人民的。"

"听人民的"就得一票一票地投呀！没问题，投票是记名投票——票上印着"君主立宪"四字,让代表们先签全名,然后写上"赞成"或"反对"的字样。投票前每个国民代表可以拿到500块大洋的辛苦费。投票结果没有悬念:1993名代表全部赞成君主立宪——100%全票通过!

唐德刚对此评价说:"袁世凯早就感觉共和体制不适于中国,在经过与国民党一番痛苦的争斗后,金窝银窝,终不如狗窝,他老人家就要回头去做皇帝了。吾人从今世纪之末,回看世纪之初,大概没有什么历史难题不能理解的吧?"

端木赐香在书中呼应道:"是的,特别是立足于现在回看,更觉得袁世凯是可以理解的。只不过,老头不理解他的手下,更不理解在中国什么样的民意都可以创造出来,他的手下可以投其所好制造出所谓的民意哄他这个老领导。于是老头就这样被他们哄到了孤家寡人之地,一步一步走向早已给他备好的坟墓。"

袁世凯宣布称帝,举国哗然。毕竟中国已经走向共和,如此倒行逆施,公然以人民的名义开历史倒车,必然遭到全国人民的强烈反对。各地掀起了反袁运动(护国运动),其中蔡锷将军毅然宣布云南独立,并组织讨袁护国军……这才是真正的民意。

民怨沸腾,众叛亲离。在全国人民的唾骂声中,袁世凯不得不取消帝号,他因此忧愤成疾,不久便不治而亡。

本来袁世凯是可以伟人的荣誉载入中华民族史册的,且不说正是他和平结束了两千多年的封建皇权,在新旧中国交替之际起到了不可替代的作用,仅从推动走向现代化的角度看,他就创下了中国许多"第一"——

创立了中国第一支新式军队,第一个提出废除科举、举办新式学堂,第一个提出引进西方宪政制度,第一个建立了巡警制度,创办了中国人的第一家近代银行,修建了中国的第一条铁路,还有第一家发电厂、第一个电报电话、第一个电车电灯公司、第一个环城马路,第一次宣布男子必须剪掉辫子、女子不许再裹小脚,等等,这些"第一"都与袁世凯有直接和间接的关系。连现在我们中国最大的节日"春节",都是袁世凯确定的。

想想,如果没有"复辟帝制"的事儿,他将怎样被后世所尊崇和纪念?

然而一朝称帝，英名全毁。

读到这里，我不得不和作者一起喟叹——

悲剧啊，老袁一辈子防人，最后没有防住自己的儿子与亲信。当然，最大的悲剧，是没防住自己，就这样成为中国历史上最严重的一位失足老男人！

2020年2月3日

改革开放的先声

——读陈侃章《冬季里的春闹——1977年恢复高考纪实》有感

我们国家目前的高考制度，正越来越被诟病。人们把应试教育乃至教育的所有弊端都归咎于高考制度。每当教育改革出现僵局时，人们往往很自然地说："高考不改，一切都是白搭！"甚至最近在缪可馨之死的激烈争论中，谈到老师该不该规定学生"传递正能量"，谈到教师该不该"规范"学生的思维，有人也"归根到底"地说："都是高考给逼的！"

但另一方面，也有许多人坚决捍卫现行高考制度，他们的理由是："无论有多少弊端，目前的高考制度都是相对公平的，如果一旦废除高考，贫寒子弟将失去上升的唯一通道。"即使"炮轰"高考制度的人，也不得不承认，如果真的取消了高考，中国的教育问题乃至社会问题，恐怕会更糟糕。我们无法想象，一旦没有了相对公平的高考制度，中国社会会怎样？

而现在的年轻人，特别是诅咒高考的年轻人很难想象，1977年10月21日《人民日报》宣布恢复高考时，用"全国沸腾"来形容当时的社会反响，一点儿都不夸张。虽然当时发表的新华社通稿的标题是《高等学校招生进行重大改革》，但其实，这个所谓"改革"不过是恢复1966年终止的高考考试制度，不过对于"文革"中以推荐为主而淡化甚至取消考试的大学招生方式而言，的确也可以说是"改革"。

一石激起千层浪。对于刚刚当了一年知青的我来说，简直不敢相信这是真的。到现在居然还有人怀念"文革"期间（1970—1976）的大学招生方式：推荐工农兵学员上大学。1973年，出来个"白卷英雄"张铁生，被树为"反修正主义教育路线回潮"的"英雄"，于是，那以后不再考试。而所谓"推荐优秀的工农兵学员"，在实际操作中，成了基层干部的特权，分配到公社的几个名额还不够公社干部分，"拼爹"那时候就开始了，"走后门之风"愈演愈烈——可现在居然有人说那时候"没有腐败"。本书引用权威资料："1972年，清华大学招生2000人，被发现走后门的就有242起。由于上大学的名额直接下到基层，有的村干部把自己和亲戚好友的孩子排队，有的竟排到了1980年！"当时推荐上大学首先看"政治可靠"，"这个政治可靠本来还是一个很好的方向，但问题就是到后来变了味了，所谓政治可靠就是你跟单位领导关系好，他就把你推荐出来"。——这就是现在有人怀念的"清廉时代"！

一般的青年根本不可能靠自己的成绩上大学，而被"推荐"的工农兵学员，除了极个别素质优异者外，大多文化水平低下，因为当时的招生标准就是"初中文化水平或相当于初中文化水平"，还特别说明，对于表现好的"优秀青年"，文化程度还可以适当降低。所以不少人（包括清华大学的"工农兵学员"）只有小学水平，一度恢复工作的邓小平就曾经斥责道："那就干脆叫'清华中学''清华小学'，还叫什么大学！"因此，1977年7月，刚刚恢复工作不久的邓小平力主上大学一定要有考试："不管招多少大学生，一定要考试，考试不合格不能要。不管是谁的子女，就是大人物的也不能要。我算个大人物吧！我的子女不合格也不能要，不能'走后门'。"

记得我高中毕业前，正是"批邓反右"的高潮。一天，我的好朋友私下对我说："李镇西，如果是'文革'前，你这么好的成绩，肯定可以考上大学！"早已被"极左路线""洗脑"的我，当时义正辞严地说："无产阶级'文化大革命'已经十年，我们已经把修正主义教育路线批倒批臭了，你怎么还有这么腐朽的思想！"这的确是我当时的真实思想。没想到，一年多以后，我也居然会为能够报考大学而兴奋。又过了半年，我以"77级大学生"的名义走进了大学校园——那个春天，还有一位我素不相识的安徽青年也走进了大学校园，他的名字叫"李克强"。

那真是一次空前绝后的高考，有许多的特殊之处至今还是"唯一"：不是全国统一试题，而是各省单独命题；高考推迟到当年 11—12 月举行，却没有统一的高考日期，而由各省自己确定高考时间（四川省是 12 月 9—10 日）；考生年龄跨度大，从十五六岁到三十五六岁；没有重点大学和非重点大学之分，填三个志愿就行；基本上没有复习时间，也来不及准备，说考就考；没有公布高考分数，至今 77 级大学生都不知道自己当年的高考成绩；明明是 1977 级，我们却是 1978 年春天入学，而毕业时间也相应推延了半年……

40 多年的中国发展历史已经证明，无论高考有多少弊端，当年恢复高考的伟大意义无论怎样评价都不过分。当然，今天的高考暴露出越来越多的问题，的确需要改革。但改革不是取消，也不能取消。改革的导向应该是公平，但教育公平的追求不能以"文革"中的"不考试上大学"为目标。事实上，"文革"期间以"推荐"的方式上大学毫无半点"公平"可言！正是为了体现教育公平，1977 年才恢复了高考制度。

连我这个当年 77 级大学生中的低龄者都已经退休两年，让人不得不感慨白驹过隙，窗间过马。40 多年后，回望当年高考改革（恢复高考制度）的来龙去脉，是一件很有意思更有意义的事。当年杭州大学历史系 77 级学生陈侃章就做了这么一件事。他写了一本书，书名是《冬季里的春闱——1977 年恢复高考纪实》。作为亲历者和受惠者之一，我对这本书自然颇感亲切，从中读到了自己熟悉的事件和场面，也读到了自己的青春。

本书以充分详实的历史资料，再现了 1977 年恢复高考的前因后果，也纠正了一些有悖历史真相的说法。比如，关于邓小平对恢复高考的决策作用，一直有人认为，邓小平不过是一个支持者，因为他当时既不是恢复高考的提出者——提出者是当时武汉大学的查全性副教授，也不是恢复高考的最后拍板者——拍板者是当时的中共中央主席华国锋。但陈侃章以大量的事实无可辩驳地说明，基于作为分管教科的副总理邓小平在恢复高考这一决定过程中体现出来的政治家的勇气与智慧，以及他所起到的无可替代的作用，完全可以说，没有邓小平，1977 年根本不可能恢复高考。

还有一个不能算细节的细节——说"不能算细节"是因为它不但影响了1977年高考而且影响了以后的高考录取，说是"细节"是因为的确是一个微小动作。当时毕竟"文革"还没有被否定，极左思想特别是"血统论"还在不少人头脑中根深蒂固，所以教育部呈送给邓小平《招生意见》上的考生"政治条件"（即"政审"）十分繁琐苛刻："政治历史清楚，热爱毛主席，热爱华主席，拥护共产党，努力学习马列和毛主席著作，有一定的阶级斗争、路线斗争和继续革命的觉悟，积极参加揭批'四人帮'的伟大政治斗争，坚持走社会主义道路，积极参加集体生产劳动，遵守革命纪律，联系群众，决心为革命而学习。"邓小平看了十分生气，挥笔将其全部抹掉。他对教育部负责人连说了三个"繁琐"！他说："关于招生条件，我改了一下。政审，主要看本人的政治表现。政治历史清楚，热爱社会主义，热爱劳动，遵守纪律，决心为革命学习，有这几条，就可以了。总之，招生主要抓两条：第一是本人表现好，第二是择优录取。"

"第一是本人表现好，第二是择优录取。"邓小平亲拟的这两条标准，第一条打破了"血统论"，第二条强调了"考试关"。两条都鲜明地体现了公平。数以千万计的以前对读大学想都不敢想的中国青年看到了自己未来的希望。

尽管从道理上说，通过公平的考试进入大学，是每一个公民应有的权利，"文革"剥夺了大多数中国青年的权利，而恢复高考不过是把这被剥夺的权利还给了人民，但在特殊的历史背景中，特别是1977年，"文革"还没有被否定，如果没有邓小平的特殊努力，千千万万中国青年是不可能重获上大学的平等权利的。因此，从这个意义上说，整整一代中国青年感谢邓小平。今天，1977级的大学生已经白发苍苍，但他们至今犹存的感恩之心，是真诚的。

本书还纠正了一些似是而非的传闻。比如，有"学者"说，当年废除高考，是因为1966年6月18日的《人民日报》发表了刘源（刘少奇之子）要求废除高考的信。但查遍1966年6月18日那天以及那一段时间的《人民日报》，根本就没有什么刘源的信。这显然是编造。又如，有传闻说，1977年印高考试卷引起纸张紧张，于是不得不动用本来用于印刷《毛泽东选集》第五卷的纸张。但作者引用权威调查结论表明，当年并未动用印刷《毛泽东选集》第五卷的纸张，只有个别省份在征得中央同意后，动用了印刷《毛泽东选集》第五卷剩余的纸张。

  本书还有大量的数据资料，让读者详细地了解1977年高考的情况。比如，究竟1977年高考录取率是多少？我一直不知道。当年我只凭直觉估计录取率很低，因为我所在的整个公社，只有两个人考上；而我回母校后才知道，我们1976届高中毕业生也仅有两个人考上。本书引用1977年国家计划："今年招生，2000万人报考，录取20万人，录取率是1%。"但以当时的设施，2000万人很难同时进考场，所以许多省进行了预考，淘汰了一些考生。最后参加高考的考生为570万。第一批本科生共录取17.7万，录取率约为3%。后来经邓小平提议，国家计委和教育部决定扩大招生，经过扩招本科2.3万人，各类大专班4万人，共扩招6.3万人，最后录取272971人，按570万考生计算，录取率为4.79%。如果以当年报考的2000万考生来计算，录取率为1.36%，是新中国历史上录取率最低的一年。

  本书虽然是一本学术著作，但不乏有趣处。比如书中收入了部分省市1977年的高考题。1977年高考有两个"唯一"：一是唯一的一次分省命题组织考试的高考，二是唯一没有公布高考成绩的一次高考。说到当年的高考题之简单，恐怕也超出了现在年轻人的想象。我还记得当年我在考场上做的几道语文试题："请说出'虚心使人进步，骄傲使人落后'用了什么修辞手法。""默写毛主席《蝶恋花·答李淑一同志》。"……这些题当时对于我来说，真的不费吹灰之力。在这本书中，我看到1977年山东省的语文高考题有解释词语"诽谤""高瞻远瞩"等，山西省的高考语文题有"用比喻、反问的修辞手法，各造一个揭批'四人帮'的句子"。当年各省高考的作文题最富时代特色：《心里的话儿献给华主席》（山西）、《英明领袖华主席和吉林各族人民心连心》（吉林）、《心中有话向党说》（湖南）、《学雷锋的故事》（湖北）、《每当想起敬爱的周总理》（新疆）、《我们的心飞向了毛主席纪念堂》（河南）、《我的革命思想》（西藏）、《跟着华主席，永唱东方红》（安徽）、《每当我想起〈东方红〉》（黑龙江）……用今天的话来说，都是"满满的正能量"啊！

  直至今天，我才意识到1977年恢复高考的真正意义。当时粉碎"四人帮"仅仅一年，整个国家还笼罩在"两个凡是"的阴云中，具有划时代意义的十一届三中全会还要等到第二年的年底才召开，也就是说，伟大的改革开放远远没有拉开序幕。在这个背景下，邓小平拿高考开刀，以恢复高考制度为突破口，实际上是向"两个凡是"挑战，含蓄地发出了否定"文革"的先声。因为恢复高考，就是对"文革"高考的否定，而"文革"的高考制度是当时最高领导人的意志。在"两个凡是"为主旋律的背景下，邓小平不可能直截了当地否定"文革"，但他"绕道而行"，以杰出的政治智慧巧妙地通过恢复高考撕开了"两个凡是"的口子，提出了"完整地准确地理解毛泽东同志的思想体系"。至此，"解放思想"的改革宣言已经呼之欲出，而影响并推进中国现代化进程的伟大的改革开放也指日可待了。

  因此，我完全同意作者所言——

  一个教育家说过，任何有希望的民族都高度重视教育。从这个意义上说，恢复高考，挽救了我们的民族和国家。

2020年6月20日

"一场锻造新一代的运动"

——读潘鸣啸《失落的一代——中国的上山下乡运动·1968~1980》

现在40岁以下的人，多半不知道"上山下乡""知青"这些词的特定含义。有的人可能会望文生义地以为"上山"就是去登山健身，"下乡"就是去郊外农家乐玩，至于"知青"就是"有知识的青年"的简称。

然而，这几个已经渐渐淡出我们生活的词语，曾经代表了一场声势浩大的运动——"知识青年上山下乡运动"。它不但将1700万年轻人卷了进去，而且影响了50年前中国的几乎每一个家庭。

虽然中国的知识青年上山下乡并非始于上世纪60年代末——早在50年代和60年代中期，就已经有一些城市中学毕业生奔赴农村安家落户，但作为一项有计划的运动，它特指以1968年12月22日《人民日报》发表"知识青年到农村去，接受贫下中农的再教育，很有必要"的有关指示为起点，一直到1980年左右渐渐式微最后逐步取消的制度性安排。

对这场"上山下乡运动"的评价，一直存在不同的声音。但那毕竟是一代人的青春热血。十多年里，无数中国青年在祖国最艰苦的地方留下过悲惨的经历，也用血泪写下过英雄般的史诗。如果一概否定，恐怕连许多"深受其害"的知青在感情上也难以接受。何况，现在有不少已至暮年的知青们对那段人生还怀念不已，所谓"青春无悔"。

还有一种说法，似乎正逐渐抢得话语权，就是"知识青年上山下乡，深入中国底层，了解民间疾苦，深刻认识中国国情，磨炼了毅力，锻造了意志,是人生的一笔财富,为后来的成功奠定了基础"云云。

但是,说这话的人,往往是今天已经站在人生辉煌之巅的"成功人士",而相对于1700万知青来说,这样的"成功人士"寥若晨星。于是悖论自然出现:既然都曾"深入中国底层",为什么只有极少数人获得了人生的成功呢?既然这场运动有这么重要的意义,为什么后来又要废除呢?无论是对个人的人生成长,还是对整个国家的经济发展,这场上山下乡运动都产生了深远影响。

在这个背景下,法国学者潘鸣啸所著的《失落的一代》便显示出其独有的价值。

"潘鸣啸"是该书作者的中文名,其本名为 michel Bonnin。他是法国著名的汉学家,先后在巴黎获得哲学学士、中国语言与文化学硕士、历史学博士学位。现于法国社会科学高等研究院教授中国当代史。早在20世纪70年代,他便开始研究中国的上山下乡运动,并在法文和中文的多种报刊发表相关论文。

当然不是说一个外国人研究中国的成果更真实可信,作为置身于中国社会生活之外的学者,其观察、认识和研究毕竟还是有不少局限的。但正因为他是局外人,所以便拥有了我们没有的某种程度的超脱与客观,摒弃了中国学者特别是知青出身的研究者所不可避免的情感因素和主观倾向。需要说明的是,作者凭借的研究资料,绝大多数都来自中国公开的报刊书籍。应该说,无论是史料的陈述与展示,还是观点的梳理与分析,作者相对理性客观。

该书结构复杂而又清晰,作者视野宏大而又细微。全书分为五部分:第一部分"动机",第二部分"上山下乡运动的始与终:下放知青的演变",第三部分"上山下乡生活实录",第四部分"社会上的抵制",第五部分"总结:历史上的运动"。纵观全书,既有波澜壮阔的历史画卷,又有细致入微的生活场景,还有跌宕起伏的心路历程。

比如对于"上山下乡运动"的发动动机,作者通过对大量事实与史料辨析后得出结论:这场运动的发起原因,既有意识形态动机,也有政治动机,还有社会经济动机。其中，意识形态动机占首位：培养革命接班人，对知识青年进行再教育，缩小"三大差别"。

对此，作者写道："1968 年提出的思想目标既是多重的又是统一的。主要是对被修正主义腐蚀了的城市青年进行再教育，使他们成为'革命接班人'，由此可避免因他们的背叛而引致中国'变色'。想上大学或者干部想提升，与群众结合以及参加体力劳动是必不可少的条件。各类选拔的标准并不是年轻人的专业成绩，而是要看他们的态度是不是'革命的'。"

当然，开展上山下乡运动肯定不只是有当时公开宣传的意识形态方面的动机，还有当时因为不便宣传所以便没有宣传的社会经济方面的动机：从积极方面说，有发展农村及边疆地区的动机；从消极方面说，有解决城市就业及人口过剩问题的动机。对这些，作者都作了令我信服的分析。

作者写道："选择了上山下乡来解决问题，……因为那政策能够解决……更长期的忧虑。如何降低实现工业化所付出的代价？这种忧虑自然是重要的，还有希望实现农业现代化和加强边疆地区的防卫力量。"不过尽管如此，作者依旧说：发起下乡运动，"意识形态动机应该是首要的"。

本书用了大量篇幅展示了中国上山下乡运动的全过程，其中穿插着宏观的国家社会发展的一些数据和微观的知青生活细节。特别是作者用了许多史料，说明上山下乡运动中，有些基层干部利用知青当兵、招工、读大学等机会大搞腐败，这粉碎了现在一些年轻人认为"那是一个多么清廉的时代"的错觉和梦幻。

作为"末代知青"，我 1976 年 8 月至 1978 年 2 月刚好在农村插队落户一年半，直到恢复高考后进入大学。我对"上山下乡运动"当然没有"老三届"们那样刻骨铭心的感受，没有他们其中一些人后来通过诗歌、小说、电视剧等表现出来的反思那么深刻，但我也有自己一些虽肤浅却真诚的理解与思考。这里简单说几点。

关于"青春无悔"。这是一度或者说至今还在相当多老知青中流行的口号。可能现在的年轻人不知道，1980 年前后，知青运动之所以被终止，原因之一，恰恰就是那几年自发的"知青返城风潮"，包括千千万万的知青用绝食、卧轨等极端的方式抗争——这些在本书中都有记载。既然现在"无悔",为何当年要返程?何况,从逻辑上来说,有悔还是无悔,前提为所做的事是自己的选择,还是别人强加给自己的选择——实质上大多数人自己没法选择。当初自己义无反顾作出了一项选择,后来即使出现了当初没有想到也难以接受的后果,也不后悔,这是选择者自己的心态与情怀,人家自己说"无悔"无可指责。问题是,当年除了极少数知青的确是发自内心自愿上山下乡插队落户之外,绝大多数知青,完全是被制度化的规定强迫去农村的。如果不去,一无工作,二无城市户口,三无各种粮油票证……所有生活来源完全被斩断。你不"上山",能吗?你不"下乡",敢吗?在这种情况下,若干年后,你有资格说"无悔"吗?

关于"知青和乡亲们的亲密感情"。其实,对大多数知青来说,一想到插队落户的农村或牧区,往往会想到具体的农牧民,想到曾经给我们关心的乡亲们。这点我都有体会。记得我第一天到了插队的生产队,是一位比我大不了几岁的房东小伙子迎接的我,香喷喷的晚饭已经做好,热腾腾的洗澡水已经烧好……多年后,这温馨的下乡第一夜还温暖着我的记忆。所以,几十年来,许多知青都有回"第二故乡"看望或者感恩大妈、大婶、大伯等的习惯。因为这一切,不但代表着在我们最孤独的时候所获得的人间真情,也记录着我们的青春岁月。这种情愫是真诚的,也是可贵的。除了个别出类拔萃的成功者,从总体上说,整整一代人因为"上山下乡运动"而失去了自己应有的发展机会,付出了青春的代价,而整个国家的发展也因此受到严重的阻碍。我们不能以个人与国家的巨大损失为代价去换取"人间真情"。孰轻孰重,不言而喻。以和乡亲们"纯真友谊"为由为那场运动大唱赞歌,实在是糊涂。

有人说:"知青离开城市落户农村就是灾难,那从小生长在农村的青年,就该祖祖辈辈'受难'吗?那么多的人同情下乡知青,却没有人同情一直在乡下的农村青年!"这话有道理。但是,第一,知青下乡,是将一个人活生生地从自己热乎乎的家庭环境中剥离出来,然后抛向他完全陌生的一个艰苦环境,这种孤独感、无助感,这种精神失落甚至折磨,是虽然一直处在农村艰苦环境中但毕竟还是生活在自己家里的农村青年没有的。第二,同样为人，却长期分别处于城市或农村两种截然不同的经济文化环境，而且无法改变，这源于长期以来的城乡二元结构的制度，往深处说就比较复杂了。不过，随着改革开放40多年来国家的发展，现在这种二元结构已经逐步改变，在很多地方，农村人甚至不愿进城。虽然对辽阔的中国大地来说，这种情况还不普遍，但毕竟当初所希望缩小的城乡差别（"三大差别"之一），已经现出曙色。

最后我想说，国家终止"上山下乡运动"并不意味着否定知识分子和体力劳动相结合的意义。现在我们越来越提倡领导干部深入基层，了解民情，提倡有志青年多一些底层磨炼，多一些实践历练，这都是正确的。年轻人吃点苦，绝对是有好处的。问题是，不要将这一切运动化，不要用制度来强迫，更不要将这种"深入""磨炼"只用一种"上山下乡运动"的形式来实现。所谓"逆境成才"，都是成功者回望的感慨，而不是事先的有意安排。

似乎扯远了，还是回到本书。书名《失落的一代》表达了作者对1700万知青的评价。在书中，他有专门的解释。所谓"失落"不是指知青们本人理想和精神世界的失落，而是指他们整整十年青春和人生的"失落"，准确地说，是"被失落"。更重要的是，作者认为，"失落的一代"同时又是"思考的一代"，他们从狂热的迷信，到冷静的反思，最后是精神上的觉悟与抗争。而这一切都是后来中国改革开放重要的民意基础和思想资源。

曾经轰轰烈烈的"知识青年上山下乡运动"已经废止40年了，当年最小的知青也已经年过六旬，而"老三届"的老知青们则进入了"人生七十古来稀"的年龄。现在的"80后"的爸爸妈妈们很多都当过知青，年轻人想了解这段历史，可以"听妈妈讲那过去的故事"；而本世纪诞生的少男少女们，"欲知详情如何"，则只有"听爷爷讲那过去的事"了。

不过，除了"听妈妈（爷爷）讲那过去的事"，今天的孩子们读读这本并不枯燥的关于爸爸、妈妈、爷爷、奶奶青春经历的书，会在历史对比中更加深刻地认识自己的青春，也更加全面地了解中国的昨天。

2020年7月11日

第五辑

"历史之谜的解答"

——读马克思《1844年经济学哲学手稿》

一

第一次读《1844年经济学哲学手稿》(以下简称《手稿》)是80年代中期,纯粹是因为赶理论时髦。1983年前后,"异化"一词连同"人道主义"热闹了一阵子,周扬为此还和胡乔木发生了争论,当然严格地说,这不是一次平等的学术讨论,最后周扬被批判,不得不公开作自我批评。再后来周扬住进了医院,因脑软化而渐渐失语,竟成植物人。在这个背景下,我为了弄清楚"异化"这个问题,第一次读《手稿》,但至少有一半没读懂。

第二次再读该书,是2001年在苏州大学攻读博士学位期间,我的专业是马克思主义哲学教育哲学方向,出于学业的需要,我重新翻开《手稿》。因为有相应的专业背景,再加上我有充足的时间细读,所以这次理解不那么吃力了,但也最多读懂了80%。

这次之所以又想起重读,纯粹是出于个人兴趣,心情很放松,没有任何外在压力,而且有了比过去丰富的阅历,在读的时候不断地联想,把好多看似不相关的现象和知识都联系起来了,激活了内心的某种"认知储备",或者说"前理解",所以以前感觉比较生涩的语句也流畅多了。当然也不能说100%都读懂了,但马克思要表达的主要意思,我感觉基本上弄明白了。

可见兴趣和阅历也是理解力。没有任何功利的自由阅读,才是真正幸福而有效的阅读，而幸福的阅读，就是心灵的飞翔。

西方马克思主义流派喜欢把马克思主义解释为"人道主义的马克思主义"，因此许多研究者把《手稿》视为人道主义的马克思主义的发源地，甚至是马克思思想发展的高峰，其高度是后来的《共产党宣言》和《资本论》都没有达到的；也有正统的马克思主义学者认为，马克思在《手稿》中所阐发的思想是阶段性的，具有不成熟的性质，但它作为马克思思想发展的一个重要转折，是马克思从费尔巴哈走向历史唯物主义关键阶段的重要著作。这部马克思生前并未发表的《手稿》是马克思最重要的代表作之一，这是毫无疑问的。

二

《手稿》是马克思未完成的著作，由写在三个笔记本中的手稿组成。笔记本Ⅰ的内容是：对斯密学说中的工资、资本的利润和地租这三个经济学范畴作比较分析，揭示斯密学说的矛盾；详细论述资本主义社会的异化劳动。笔记本Ⅱ只保留下四页手稿，主要是有关私有财产的论述。笔记本Ⅲ的主要内容是：关于私有财产和劳动、私有财产和共产主义的论述，对当时的各种共产主义理论的考察和评述，对黑格尔哲学的批判，有关分工和货币的两个片段，此外还有一篇《序言》。

《手稿》中所展示的马克思的研究广泛而丰富，其思考缜密而深刻。全书主要包括了经济学和哲学的内容。

就经济学而言，他从资本主义社会最表面的现象——工资入手，研究工资的实质，根据经济学中的供给关系分析了工人悲惨状况的必然性。谈到工资，就必然会谈到其对立面——资本。马克思揭示了资本的本质，是"对劳动及其产品的支配权力"，是一种"不可抗拒的购买的权力"，而并不是所有的资金都能成为资本，只有能够带来利润的资金才是真正的资本。既然逐利是资本的内在要求，那么资本家必然会不择手段追求利润的最大化，其中重要的途径便是"人的劳动的增加"，因此资本利润的多寡取决于劳动投入量的多少。此外还有资本积累过程中的竞争与垄断,在这个背景下,资本家眼里只有产品,人只是一种悲剧性的存在。马克思还研究了地租,对地租的实质、影响因素、地租的资本化以及地产分割所带来的竞争等问题进行了分析与说明。在地租一节的结尾,马克思对工业的本质进行了剖析,认为工业既有唯物主义的性质——因为工业产品是一种有用的对象性存在,也有人道主义的本质——因为工业是"人的本质力量的公开展示",体现了人的主体这点特别重要,因为马克思将工业中"人的本质力量"揭示出来了。

就哲学而言,马克思对青年黑格尔派进行了再考察,表达了对他们的不满,即他们只能局限于黑格尔的逻辑学内因而不能看到唯物主义的伟大作用。在此基础上,马克思评价了费尔巴哈唯物主义的"伟大功绩",其中包括他创立了"真正的唯物主义和实在的科学",因而确立了社会关系在哲学中的基础性地位,确立了"既定的主体的人的现实历史",这种人道主义对马克思产生了非常重要的影响。然后马克思回到对黑格尔哲学本身的批判,认为黑格尔的哲学在形式上是辩证法的、革命的、历史的,但在具体内容上却是抽象的,整个哲学体系只不过是一个空洞的自我绝对精神。但马克思肯定了黑格尔哲学体系中大量辩证法的合理要素和积极作用。马克思对黑格尔哲学采取了"扬弃"的态度,将黑格尔的"异化"概念赋予了革命性的内涵,并将其与费尔巴哈的人道主义相结合。应该说,黑格尔的辩证法为马克思提供了批判社会的工具。马克思还谈到了人与自然的关系,提出了唯物主义的自然观,把"感性的存在"(即物质世界)看作是第一位的。在马克思看来,自然界是第一位的,精神世界通过人与自然界发生联系;人是自然界的一部分,人的精神生活及其产品虽然超越了自然界,但不能脱离这个世界而独立存在。不过,马克思眼中的自然界并不是消极被动的,而是人与自然一直在发生着相互作用的人化自然。关于这一点,虽然马克思论述得并不多,但已经包含有"人与自然和谐相处"的意思了。

以上是《手稿》的大致内容,也许并未充分展示马克思的思路和思想,但要充分概括马克思的精辟理论,是一件非常吃力的事。我只能这样提炼了。如果读起来不那么流畅,不怪马克思,只能怪我的理解与表达。

三

这次阅读，我最大的收获，是更加透彻地理解了马克思思想中的"异化"概念及他关于共产主义与人的解放的思想。

平时我不时会听到一些人在谈教育时使用"异化"这个概念，比如："现在的教育，早已不是教育了，已经异化成非教育了。""有的人已经不是人了，早已异化成野兽了。"虽然我明白说话者要表达的意思，但从词语本身的含义而言，所谓"异化"，并非简单地指"人或事物脱离了自己的本质而变成了另外的人或事物"。但迄今为止，我写的所有文章，从没用过"异化"这个词，因为我虽然大体知道这个词的意思，但一直没有非常明晰地理解其哲学含义。

这次重读《手稿》，我特别细细咀嚼了马克思关于"异化"的分析。当我自认为弄清楚这个概念后，不得不佩服马克思的深刻：他正是从"劳动异化"出发，解释了资本家和工人的关系，同时揭示了工人阶级悲惨命运的原因和实质。

"异化"这个词并非马克思的原创。已故著名哲学家王若水认为："我们现在使用的'异化'概念是始创于黑格尔，继承于费尔巴哈，完成于马克思。"在马克思那里，所谓"异化"指的是主体由于自身的矛盾发展而产生了自己的对立面的客体，而这个客体又作为一种外在的、异己的力量凌驾于主体之上，反过来束缚、控制和压抑主体。如果说这个解释太抽象，那么，王若水对哲学意义上的"异化"有一个非常通俗的解释，就是"蚕吐丝"。丝是自己吐的，但最后变成茧却包住了自己，这就是异化。

马克思在《手稿》中对"劳动异化"有非常深刻的揭示与分析。在马克思看来，劳动是人的本质，劳动是人本身的需要，劳动给人带来物质上的生活条件，也带来精神上的享受，人的创造性也通过劳动得以充分地展示，一句话，劳动让人真正成为人。然而，在私有制条件下，主动的愉悦的创造性劳动，变成了被动的痛苦的机械的行为，人成了劳动的奴隶——"劳动"从人分离出去，成了控制人、奴役人、压迫人的外在的力量。这就是"劳动的异化"。

四

当然，这只是我的理解和我的表达。马克思在《手稿》中从四个方面阐述了"劳动异化"的表现：

第一，劳动产品（结果）与劳动者相异化。

马克思认为，劳动产品本来属于工人，但由于私有制的缘故，体现了工人主体本质力量的劳动产品被资本家所占有，工人生产的产品越多，他的本质力量被资本家所占有的就越多。这导致了工人越发贫穷，他所生产的产品最后又被资本家拿走后转化为资本，反过来继续统治他、奴役他，使他感受不到自己本质力量的存在。马克思的原话是——

这一切后果包含在这样一个规定中：工人对自己的劳动的产品的关系就是对一个异己的对象的关系。因为根据这个前提，很明显，工人在劳动中耗费的力量越多，他亲手创造出来反对自身的、异己的对象世界的力量就越强大，他自身、他的内部世界就越贫乏，归他所有的东西就越少。宗教方面的情况也是如此。人奉献给上帝的越多，他留给自身的就越少。工人把自己的生命投入对象；但现在这个生命已不再属于他而属于对象了。因此，这种活动越多，工人就越丧失对象。凡是成为他的劳动的产品的东西，就不再是他自身的东西。因此，这个产品越多，他自身的东西就越少。

第二，劳动活动（过程）与劳动者相异化。

按人的本性说，劳动过程应该是一种主动追求并满足幸福感的过程，因为劳动产品属于自己，自己付出的体力和智慧得到了承认。但是在资本主义条件下，因为劳动产品更多的是被剥夺，所以劳动所应有的愉悦感与成就感荡然无存，劳动过程便成了一种受奴役与折磨的被动甚至强制行为。劳动过程本身异化了。马克思的原话是——

首先，劳动对工人来说是外在的东西，也就是说，不属于他的本质；因此，他在自己的劳动中不是肯定自己，而是否定自己，不是感到幸福，而是感到不幸，不是自由地发挥自己的体力和智力，而是使自己的肉体受折磨、精神遭摧残。因此，工人只有在劳动之外才感到自在，而在劳动中则感到不自在，他在不劳动时觉得舒畅而在劳动时就觉得不舒畅。因此，他的劳动不是自愿的劳动，而是被迫的强制劳动。因此，这种劳动不是满足一种需要，而只是满足劳动以外的那些需要的一种手段。劳动的异己性完全表现在：只要肉体的强制或其他强制一停止，人们就会像逃避瘟疫那样逃避劳动。外在的劳动，人在其中使自己外化的劳动，是一种自我牺牲、自我折磨的劳动。最后，对工人来说，劳动的外在性表现在：这种劳动不是他自己的，而是别人的；劳动不属于他；他在劳动中也不属于他自己，而是属于别人。在宗教中，人的幻想、人的头脑和人的心灵的自主活动对个人发生作用不取决于他个人，就是说，是作为某种异己的活动，神灵的或魔鬼的活动发生作用，同样，工人的活动也不是他的自主活动。他的活动属于别人，这种活动是他自身的丧失。

第三，劳动者与他的类本质相异化。

"类本质"是我第一次读到的概念，按我的理解，马克思所说的"类本质"，应该是指人类作为一个整体所具有的本质特征，它表明人类与动物之间的区别，即人之所以为人的本质特征。与这个概念类似的，还有"类生活"，即人类区别于动物的生活。

在马克思看来，人与动物的本质区别在于意识，在于人的类生活。而人的类生活就是自由的有意识的活动，否则就是动物。而异化劳动，正是将人降低为一种动物性的存在。马克思对此的论述非常精彩，他的原话是——

动物和自己的生命活动是直接同一的。动物不把自己同自己的生命活动区别开来。它就是自己的生命活动。人则使自己的生命活动本身变成自己意志的和自己意识的对象。他具有有意识的生命活动。这不是人与之直接融为一体的那种规定性。有意识的生命活动把人同动物的生命活动直接区别开来。正是由于这点，人才是类存在物。或者说，正因为人是类存在物，他才是有意识的存在物，就是说，他自己的生活对他来说是对象。仅仅由于这点，他的活动才是自由的活动。异化劳动把这种关系颠倒过来，以致人正因为是有意识的存在物，才把自己的生命活动，自己的本质变成仅仅维持自己生存的手段。

通过实践创造对象世界，改造无机界，人证明自己是有意识的类存在物，就是说是这样一种存在物，它把类看做自己的本质，或者说把自身看做类存在物。诚然，动物也生产。动物为自己营造巢穴或住所，如蜜蜂、海狸、蚂蚁等。但是，动物只生产它自己或它的幼仔所直接需要的东西；动物的生产是片面的，而人的生产是全面的；动物只是在直接的肉体需要的支配下生产，而人甚至不受肉体需要的影响也进行生产，并且只有不受这种需要的影响才进行真正的生产；动物只生产自身，而人再生产整个自然界；动物的产品直接属于它的肉体，而人则自由地面对自己的产品。动物只是按照它所属的那个种的尺度和需要来构造，而人却懂得按照任何一个种的尺度来进行生产，并且懂得处处都把固有的尺度运用于对象；因此，人也按照美的规律来构造。

……

异化劳动把自主活动、自由活动贬低为手段，也就把人的类生活变成维持人的肉体生存的手段。

第四，人和人相异化。

这是根据前三个"异化"所推导出来的必然结果。在马克思看来，既然劳动产品不属于工人，而且还成了一种异己的力量同工人相对立，那么这产品就只能属于工人以外的他人——资本家阶级。工人同劳动的关系，生产出资本家这个压迫自己奴役自己的他人。这就是人和人的异化。

马克思的原话是——

人同自己的劳动产品、自己的生命活动、自己的类本质相异化的直接结果就是人同人相异化。当人同自身相对立的时候，他也同他人相对立。凡是适用于人对自己的劳动、对自己的劳动产品和对自身的关系的东西，也都适用于人对他人、对他人的劳动和劳动对象的关系。

总之，人的类本质同人相异化这一命题，说的是一个人同他人相异化，以及他们中的每个人都同人的本质相异化。人的异化，一般地说人对自身的任何关系，只有通过人的关系才得到实现和表现。

马克思还剥茧抽丝般地追问道——

如果劳动产品对我来说是异己的，是作为异己的力量面对着我，那么它到底属于谁呢？

如果我自己的活动不属于我，而是一种异己的活动、一种被迫的活动，那么它到底属于谁呢？

属于另一个有别于我的存在物。

这个存在物是谁呢？

……

劳动和劳动产品所归属的那个异己的存在物，劳动为之服务和劳动产品供其享受的那个存在物，只能是人自身。

如果劳动产品不是属于工人，而是作为一种异己的力量同工人相对立，那么这只能是由于产品属于工人之外的他人。如果工人的活动对他本身来说是一种痛苦，那么这种活动就必然给他人带来享受和生活乐趣。不是神也不是自然界，只有人自身才能成为统治人的异己力量。

……

总之，通过异化的、外化的劳动，工人生产出一种同劳动疏远的、站在劳动之外的人对这个劳动的关系。工人对劳动的关系，生产出资本家——或者不管人们给劳动的主宰起个什么别的名字——对这个劳动的关系。

五

马克思关于"劳动异化"的思想，体现出了对旧世界非凡的革命意义。

读到"工人对劳动的关系,生产出资本家"这一句时,我的理解是,当工人阶级"产生出资本家"的同时,资本家的敌对者也诞生了。我进一步想起了几年后马克思在《共产党宣言》中的一句话:"资产阶级创造了伟大的生产力,推动了社会的进步,同时也产生了自己的掘墓人——无产阶级。"

我认为,马克思的整个"劳动异化"思想,都是源于他真诚的人道主义情怀。在他对工人"劳动异化"分析的字里行间,深深浸透着他对工人悲惨命运的无比同情。对人的关怀,探索人的解放,这一思想一直贯穿马克思一生,在他的著作中得到了充分的体现。可以说,马克思毕生探索的命题就是"人的自由而全面的发展"。17岁的马克思在《青年在选择职业时的考虑》中就表明了一生的志向:"在选择职业时,我们应该遵循的主要指针是人类的幸福和我们自身的完美";29岁的马克思在《共产党宣言》中指出:"代替那存在着阶级和阶级对立的资产阶级旧社会的,将是这样一个联合体,在那里,每个人的自由发展是一切人的自由发展的条件";中年马克思在《1857—1858年经济学手稿》中也广泛谈到了自由问题,当马克思在本书中讨论未来社会形态时,认为"建立在个人全面发展和他们共同的、社会的生产能力成为从属于他们的社会财富这一基础上的自由个性,是第三个阶段"。

因此,"人的解放",是马克思思想核心的核心。所以有人说,人是马克思主义的出发点和归宿。而在马克思那里,共产主义与人的解放是一回事。

六

但是马克思并没有简单而幼稚地从政治或人本身找社会不公的原因和解决之道,而是以辩证唯物主义和历史唯物主义为武器,从经济运行制度方面洞悉社会的本质,从劳动异化、私有制的角度,剖析了社会不公的根源,揭示了人被奴役的原因。

马克思愤然写道:"劳动为富人生产了奇迹般的东西,但是为工人生产了赤贫。劳动生产了宫殿,但是给工人生产了棚舍。劳动生产了美,但是使工人变成畸形。劳动用机器代替了手工劳动,但是使一部分工人回到野蛮的劳动，并使另一部分工人变成机器。劳动生产了智慧，但是给工人生产了愚钝和痴呆。"

而解决之道是共产主义。在对过去种种空想、粗陋的"社会主义（共产主义）"思想进行分析和扬弃之后，马克思提出了他理解的科学社会主义所必然导向的共产主义——

共产主义是对私有财产即人的自我异化的积极的扬弃，因而是通过人并且为了人而对人的本质的真正占有；因此，它是人向自身也就是向社会的即合乎人性的人的复归，这种复归是完全的复归，是自觉实现并在以往发展的全部财富的范围内实现的复归。这种共产主义，作为完成了的自然主义，等于人道主义，而作为完成了的人道主义，等于自然主义，它是人和自然界之间、人和人之间的矛盾的真正解决，是存在和本质、对象化和自我确证、自由和必然、个体和类之间的斗争的真正解决。它是历史之谜的解答，而且知道自己就是这种解答。

由此可见，共产主义意味着"人对人本质的真正占有"，是"合乎人性的人的复归"，是"完成了的自然主义，等于人道主义"，是"任何自然界之间、人和人之间的矛盾的真正解决"。

马克思说这是"历史之谜的解答"，而《手稿》证明，历史的代言人就是马克思。

2020 年 7 月 25 日

"问题在于改变世界"

——读恩格斯《路德维希·费尔巴哈和德国古典哲学的终结》

德国是一个盛产伟大哲学家的国度：康德、黑格尔、尼采、叔本华、哈贝马斯、雅斯贝尔斯、费尔巴哈、胡塞尔……毫无疑问，还包括我们所熟知的马克思和恩格斯。列宁在论述马克思主义的三个来源时特别指出，马克思捍卫了哲学唯物主义，用德国古典哲学的成果特别是辩证法丰富了哲学，把唯物主义对自然界的认识推广到对人类社会的认识，创立了历史唯物主义。也就是说，没有德国古典哲学，便没有马克思主义哲学。其中黑格尔的辩证法和费尔巴哈的唯物主义，成为马克思主义哲学直接的理论来源。

而马克思和恩格斯如何批判地改造德国古典哲学，特别是对黑格尔和费尔巴哈思想进行扬弃，进而创立马克思主义哲学？恩格斯的《路德维希·费尔巴哈和德国古典哲学的终结》讲的就是这段思想经历。这本来是马克思一直想做的事，他甚至还匆匆写了《关于费尔巴哈的提纲》，但生前一直来不及做。他去世后，这个任务便落在了恩格斯的身上，于是便有了这本薄薄的巨著。

在恩格斯看来，马克思主义哲学无论是对黑格尔还是费尔巴哈，既不是全盘继承，也不是全盘否定，而是发扬其合理内核，又抛弃其错误之处，即"扬弃"。具体来说，马克思（包括恩格斯）在批判黑格尔唯心主义哲学思想体系的同时，高度评价并吸收了黑格尔的辩证法；他们在继承费尔巴哈唯物主义思想的同时，又批判其不彻底的唯物主义的局限：机械唯物主义和历史唯心主义。这样，马克思在否定黑格尔的唯心主义并超越了费尔巴哈的旧唯物主义的基础上，创立了自己的哲学：唯物辩证法和历史唯物主义。

因为是第三次阅读这本小册子，加上阅历和思考比过去丰富，所以一边读一边想，颇有些感受。

在分析黑格尔时，恩格斯引用了他的一句名言："凡是现实的都是合乎理性的，凡是合乎理性的都是现实的。"虽然没多少中国人（包括本人）真正懂黑格尔哲学，但对这句话的简化版非常熟悉："凡是存在的都是合理的。"在许多中国人（不包括本人）看来，这句话就是为一切存在的现象——主要是丑恶的或者非法的现象辩护：只要存在，就合理。好像黑格尔是一个缺乏起码是非观念的人。

其实，说得轻一些这是误读，说得重一些这是歪曲。因为紧接着，恩格斯便引用了黑格尔的另一句话进行明确的解释："现实性在其展开过程中表明为必然性。"也就是说，黑格尔的意思是，一切存在于现实的事物或现象，都有其出现的必然性，而并不一定都是正确的、合乎正义的。而且以黑格尔的辩证法来看，所有的必然性也会发生变化。恩格斯的原话是——

在发展进程中，以前一切现实的东西都会成为不现实的，都会丧失自己的必然性、自己存在的权利、自己的合理性；一种新的、富有生命力的现实的东西就会代替正在衰亡的现实的东西，——如果旧的东西足够理智，不加抵抗即行死亡，那就和平地代替；如果旧的东西抗拒这种必然性，那就通过暴力来代替。这样一来，黑格尔的这个命题，由于黑格尔的辩证法本身，就转化为自己的反面：凡在人类历史领域中是现实的，随着时间的推移，都会成为不合理性的，就是说，注定是不合理性的，一开始就包含着不合理性；凡在人们头脑中是合乎理性的，都注定要成为现实的，不管它同现存的、表面的现实多么矛盾。按照黑格尔的思维方法的一切规则，凡是现实的都是合乎理性的这个命题，就变为另一个命题：凡是现存的，都一定要灭亡。

我想，读到这里，许多朋友该不会误解了吧！

在第二章的开头，恩格斯写道："全部哲学，特别是近代哲学的基本问题，是思维和存在的问题。"这个问题其实就是：物质世界第一，还是精神世界第一？恩格斯指出："哲学家依照他们如何回答这个问题而分成了两大阵营。凡是断定精神对自然界来说是本原的，从而归根到底承认某种创世说的人（而创世说在哲学家那里，例如在黑格尔那里，往往比在基督教那里还要繁杂和荒唐得多），组成唯心主义阵营。凡是认为自然界是本原的，则属于唯物主义的各种学派。"

日常生活中，我们经常听到所谓"唯心主义""唯物主义"的说法，但这两个概念究竟是什么含义？这里，恩格斯非常简明而清晰地说清楚了。

费尔巴哈无疑是唯物主义者，但他的唯物主义是不彻底的唯物主义。恩格斯指出了费尔巴哈的旧唯物主义"主要是机械唯物主义"，把人也理解为机器。另外，"这种唯物主义的第二个特有的局限性在于：它不能把世界理解为一个过程，理解为一种处在不断的历史发展中的物质"，即，费尔巴哈是孤立地静止地看待物质世界，而不是把自然界看作与社会的发展有联系的运动。恩格斯还指出，费尔巴哈之所以是不彻底的唯物主义者，还因为他的历史观是唯心主义的，所以他是一个历史唯心主义者。他的宗教哲学和伦理学，也是唯心主义的。"我们一接触到费尔巴哈的宗教哲学和伦理学，他的真正的唯心主义就显露出来了。"

马克思和恩格斯坦率地承认，他们从唯心主义到唯物主义的转变，主要是受费尔巴哈唯物主义的影响。尽管如此，马克思、恩格斯对费尔巴哈的哲学思想并没有全盘照搬，而是批判性地改造，创造性地超越。

对黑格尔也是如此。在本书中，恩格斯批判了黑格尔所谓"绝对精神"的唯心主义思想体系，但不仅"拯救"出了他思想中的"合理内核"辩证法，而且对他的许多观点都予以赞赏。

比如，恩格斯同意并引用了黑格尔的一句话："人以为，当他说人本性是善的这句话时，是说出了一种思想；但是他忘记了当人们说人本性是恶的这句话时，是说出了一种要伟大得多的思想。"

恩格斯这样分析和补充道："在黑格尔那里，恶是历史发展的动力的表现形式，这里有双重意思，一方面，每一种新的进步都必然表现为对某一神圣事物的亵渎，表现为对陈旧的、日渐衰亡的但为习惯所崇奉的秩序的叛逆，另一方面，自从阶级对立产生以来，正是人的恶劣的情欲——贪欲和权势欲成了历史发展的杠杆，关于这方面，例如封建制度的和资产阶级的历史就是一个独一无二的持续不断的证明。"

我以前一直以为"恶是推动历史发展的杠杆"是恩格斯首创的观点，现在看来，它的发明权在黑格尔。但恩格斯是赞同的。

恩格斯指出，在批判、继承和超越黑格尔与费尔巴哈的基础上，德国古典哲学解体了，黑格尔学派解体了，"从黑格尔学派的解体过程中还产生了另一个派别，唯一的真正结出果实的派别。这个派别主要是同马克思的名字联系在一起的"。这就是以唯物辩证法和唯物史观为特征的马克思主义哲学。

记得小时候，老师叫我们记辩证唯物主义的要点时，让我们背几句话："世界是物质的，物质是运动的，运动是有规律的，规律是可以认识的，认识是发展变化的。"当时只是觉得这几句话运用顶针的修辞手法，特别有意思，也很好记。随着年龄的增长，随着对马恩著作的更多阅读，感觉这几句话还缺了一个词："联系"。这样，"物质""运动""联系""规律""发展"……便构成了唯物辩证法的关键词。

在《路德维希·费尔巴哈和德国古典哲学的终结》中，恩格斯对这些思想有许多精辟的论述，比如："一个伟大的基本思想，即认为世界不是既成事物的集合体，而是过程的集合体，其中各个似乎稳定的事物同它们在我们头脑中的思想映象即概念一样都处在生成和灭亡的不断变化中，在这种变化中，尽管有种种表面的偶然性，尽管有种种暂时的倒退，前进的发展终究会实现，这个伟大的基本思想，特别是从黑格尔以来，已经成了一般人的意识，以致它在这种一般形式中未必会遭到反对了。但是，口头上承认这个思想是一回事，实际上把这个思想分别运用于每一个研究领域，又是一回事。如果人们在研究工作中始终从这个观点出发，那么关于最终解决和永恒真理的要求就永远不会提出了；人们就始终会意识到他们所获得的一切知识必然具有的局限性，意识到他们在获得知识时所处的环境对这些知识的制约性；人们对于还在不断流行的旧形而上学所不能克服的对立，即真理和谬误、善和恶、同一和差别、必然和偶然之间的对立也不再敬畏了；人们知道，这些对立只有相对的意义，今天被认为是合乎真理的认识都有它隐蔽着的以后会显露出来的错误的方面，同样，今天已经被认为是错误的认识也有它合乎真理的方面，因而它从前才能被认为是合乎真理的；被断定为必然的东西，是由纯粹的偶然性构成的，而所谓偶然的东西，是一种有必然性隐藏在里面的形式，如此等等。"

现在重新读到恩格斯对马克思主义哲学基本观点的阐述时，更是觉得清晰、深刻而精彩。

关于"经济基础决定上层建筑"这个马克思主义的基本观点，恩格斯也有着简明而又准确的概括："在现代历史中至少已经证明，一切政治斗争都是阶级斗争，而一切争取解放的阶级斗争，尽管它必然地具有政治的形式（因为一切阶级斗争都是政治斗争），归根到底都是围绕着经济解放进行的。因此，至少在这里，国家，政治制度是从属的东西，而市民社会，经济关系的领域是决定性的因素。"

恩格斯郑重地指出："在现代历史中，国家的意志总的说来是由市民社会的不断变化的需要，是由某个阶级的优势地位，归根到底，是由生产力和交换关系的发展决定的。"

观察社会，一切从经济（活动、关系、制度……）上去找原因，这是马克思主义的一个基本方法论。或者说，分析经济关系，是马克思主义打开一切纷繁复杂现象的"万能钥匙"。

还要特别指出的是，马克思主义的哲学有一个鲜明的特征，就是强调"人"的实践的重要性，或者干脆说，马克思主义的哲学就是实践的哲学。恩格斯对此也有论述，不过最充分也最精辟的论述，体现于马克思本人的一篇笔记《关于费尔巴哈的提纲》。马克思特别注重人，但这里的"人"不是抽象的，而是处于特定历史背景和社会实践中的人。财富是劳动创造的，历史是人民推动的，"劳动神圣""人民至上"……这些我从小便听得很熟的思想观点，都来自马克思实践哲学。

我完全同意这种评价——

《关于费尔巴哈的提纲》的重大意义，首先在于它确立了科学的实践观，从而为唯物史观乃至崭新的科学世界观——马克思主义哲学提供了生长点和立足点。实践的观点是唯物史观最基本的、首要的观点。正是基于科学的实践观点，马克思在《关于费尔巴哈的提纲》中深刻地揭示了社会生活的实践本质，科学地说明了人的社会性本质，正确地阐述了社会实践是历史发展的动力。

马克思这份笔记译成中文只有1400余字，却字字珠玑，值得咀嚼。

比如："人的思维是否具有客观的真理性，这不是一个理论的问题，而是一个实践的问题。人应该在实践中证明自己思维的真理性，即自己思维的现实性和力量，自己思维的此岸性。"所谓"实践是检验真理的唯一标准"，在这里可以找到理论源头。

比如："关于环境和教育起改变作用的唯物主义学说忘记了：环境正是由人来改变的，而教育者本人一定是受教育的。因此，这种学说必然把社会分成两部分，其中一部分凌驾于社会之上。环境的改变和人的活动或自我改变的一致，只能被看作是并合理地理解为革命的实践。"马克思这里并非专门谈教育，但他在指出旧唯物主义学说的局限时指出："环境正是由人来改变的，而教育者本人一定是受教育的。……环境的改变和人的活动或自我改变的一致，只能被看作是并合理地理解为革命的实践。"这是十分精辟的。作为实践主体的人在自己的革命实践中既改变了外部环境，也改变了自己的活动或自我，提高了自己的认识能力和实践能力。因此，改造客观世界和改造主观世界具有根本的一致性，二者互为前提。这对教育无疑也是有启迪意义的。

比如："人的本质并不是单个人所固有的抽象物。在其现实性上，它是一切社会关系的总和。"这里，马克思既否定了人的本质先天自然形成和后天主观自生的观点，又否定了孤立的、静止的人的存在。他认为人的本质是由建立在客观物质生产基础上的，复杂的现实社会关系的总和决定的。因此，我们只有从分析社会关系出发，才能科学地认识人的本质，才能真正弄清人的本质发展的客观规律性。这是马克思主义历史唯物主义关于"人的本质"理论的精神实质。

比如："哲学家们只是用不同的方式解释世界，问题在于改变世界。"这是马克思笔记《关于费尔巴哈的提纲》的最后一句话，也是整个《路德维希·费尔巴哈和德国古典哲学的终结》的"压轴"观点。是的，认识世界很重要，但它是一种主观思维；改造世界很关键，因为它是一种客观实践。理论和实践当然都重要，但二者的重要性不是一个档次的，因为马克思说"问题在于改变世界"。如果离开了行动，无论多么美妙的理论都不过是海市蜃楼。我想起马克思说过，一步实际行动比一打纲领更重要。我更想起了马克思在《〈黑格尔法哲学批判〉导言》中曾经指出："批判的武器当然不能代替武器的批判，物质力量只能用物质力量来摧毁，但是理论一经群众掌握，也会变成物质力量。"理论只有变成"物质力量"，才能具有真正的生命。因此，所谓"马克思主义哲学就是实践的哲学"，就意味着它是行动的哲学，批判的哲学，革命的哲学，创造的哲学。

2020 年 7 月 25 日

"共产党人不屑于隐瞒自己的观点和意图"

——读马克思、恩格斯《共产党宣言》

《共产党宣言》我不知读了多少遍了。其中的一些名言，比如"全世界无产者，联合起来"，更是从小时候就非常熟悉了；有的段落我甚至至今还能脱口而出地背诵："一个幽灵，共产主义的幽灵，在欧洲大陆徘徊……"当然这更多的是我少年时所处时代给我留下的人生印记。

真正认真研读，是1984年。这不仅仅是因为当时活跃而自由的学术氛围，更因为当时我正在申请入党。如同在没有任何人动员的情况下我自愿写下了《入党申请书》一样，我自己打开了虽然熟悉却未曾逐字逐句研读的《共产党宣言》。当时我的动机很单纯：既然要加入一个政治组织，那我当然要弄清这个政党的灵魂是什么。就像谈恋爱一样，如果只知道对方的姓名却不知道对方在想什么，不了解对方的精神世界——这个"恋爱"还怎么谈呢？

36年过去了，虽然由于种种原因，我后来没能入党，但《共产党宣言》一直在我心中占据着重要的位置。最近，我重读马恩，没有任何功利目的，纯粹就是想重温经典。我重新翻开了几本以前读过的马恩著作，当然包括《共产党宣言》。

《共产党宣言》是1847年11月共产主义者同盟第二次代表大会委托马克思和恩格斯起草的一个理论和实践的党纲。其基本思想是马克思、恩格斯的共识，内容和结构也是两人共同研究的结果，而全文由马克思执笔完成。

《共产党宣言》其实很薄,翻译成中文不过14000余字,但它凝练的语言却蕴含着深刻而丰富的思想,被誉为世界无产阶级的"圣经"。

《共产党宣言》的目的,就是"共产党人向全世界公开说明自己的观点、自己的目的、自己的意图",就是向全世界昭告:共产主义者要做什么,为什么要这样做,怎样做。

《共产党宣言》第一次阐述科学社会主义理论,指出共产主义运动已成为不可抗拒的历史潮流。

马克思、恩格斯分析历史和社会的基本原理是:每一历史时代主要的生产方式与交换方式及必然由此产生的社会结构,是该时代政治的和精神的历史所赖以确立的基础,并且只有从这一基础出发,历史才能得到说明。

《共产党宣言》指出:"至今一切社会的历史都是阶级斗争的历史。"这个历史包括一系列发展阶段,而资产阶级创造解放人类的生产方式,使人类清楚看到社会关系的本质,无产阶级如果不同时使整个社会摆脱任何剥削、压迫及阶级划分和阶级斗争,就不能使自己从资产阶级的剥削统治下解放出来。

马克思和恩格斯系统、集中地阐述他们的观点,他们的原话是——

共产党人的最近目的是和其他一切无产阶级政党的最近目的一样的:使无产阶级形成为阶级,推翻资产阶级的统治,由无产阶级夺取政权。

无产阶级将利用自己的政治统治,一步一步地夺取资产阶级的全部资本,把一切生产工具集中在国家即组织成为统治阶级的无产阶级手里,并且尽可能快地增加生产力的总量。

资产阶级的灭亡和无产阶级的胜利是同样不可避免的。

共产党人可以把自己的理论概括为一句话:消灭私有制。

共产主义革命就是同传统的所有制关系实行最彻底的决裂;毫不奇怪,它在自己的发展进程中要同传统的观念实行最彻底的决裂。

代替那存在着阶级和阶级对立的资产阶级旧社会的,将是这样一个联合体,在那里,每个人的自由发展是一切人的自由发展的条件。

共产党人不屑于隐瞒自己的观点和意图。他们公开宣布：他们的目的只有用暴力推翻全部现存的社会制度才能达到。

上述就是《共产党宣言》所公开宣布的共产主义的基本思想。

应该说，在辩证唯物主义和历史唯物主义的框架内，《共产党宣言》体现出极为雄辩的逻辑性，并具有深邃的历史穿透力。全文除了引言共四章，每一章都有论述的重点，但章节与章节之间又有着不可分割的内在联系。纵观全文，层层推进，如排山倒海，惊涛裂岸，有一种无可辩驳的理论力量。

同时，就局部或者说微观的文字表达而言，《共产党宣言》的语言旗帜鲜明，凝练精粹，雄浑有力，气势磅礴，富有诗意。哪怕仅仅作为一篇散文来朗读，也有一种美的享受。

请读引言——

一个幽灵，共产主义的幽灵，在欧洲大陆徘徊。为了对这个幽灵进行神圣的围剿，旧欧洲的一切势力，教皇和沙皇、梅特涅和基佐、法国的激进派和德国的警察，都联合起来了。

有哪一个反对党不被它的当政的敌人骂为共产党呢？又有哪一个反对党不拿共产主义这个罪名去回敬更进步的反对党人和自己的反动敌人呢？

从这一事实中可以得出两个结论：

共产主义已经被欧洲的一切势力公认为一种势力；

现在是共产党人向全世界公开说明自己的观点、自己的目的、自己的意图并且拿自己的宣言来反驳关于共产主义幽灵的神话的时候了。

为了这个目的，各国共产党人集会于伦敦，拟定了如下的宣言，用英文、法文、德文、意大利文、弗拉芒文和丹麦文公布于世。

雄厚有力，从容自信，旗帜鲜明，斩钉截铁。

再读这些句子——

资产阶级在它已经取得了统治的地方把一切封建的、宗法的和田园诗般的关系都破坏了。它无情地斩断了把人们束缚于天然增长的形形色色的封建羁绊，它使人和人之间除了赤裸裸的利害关系，除了冷酷无情的"现金交易"，就再也没有任何别的联系了。

资产阶级撕下了罩在家庭关系上的温情脉脉的面纱，把这种关系变成了纯粹的金钱关系。

随着大工业的发展，资产阶级赖以生产和占有产品的基础本身也就从它的脚下被挖掉了。它首先生产的是它自身的掘墓人。资产阶级的灭亡和无产阶级的胜利是同样不可避免的。

这样就产生了封建的社会主义，半是挽歌，半是谤文；半是过去的回音，半是未来的恫吓；它有时也能用辛辣、俏皮而尖刻的评论刺中资产阶级的心，但是它由于完全不能理解现代历史的进程而总是令人感到可笑。

为了拉拢人民，贵族们把无产阶级的乞食袋当做旗帜来挥舞。但是，每当人民跟着他们走的时候，都发现他们的臀部带有旧的封建纹章，于是就哈哈大笑，一哄而散。

共产党人不屑于隐瞒自己的观点和意图。他们公开宣布：他们的目的只有用暴力推翻全部现存的社会制度才能达到。让统治阶级在共产主义革命面前发抖吧。无产者在这个革命中失去的只是锁链。他们获得的将是整个世界。

全世界无产者，联合起来！

干净利落，幽默辛辣，高亢激越，荡气回肠。

当然，这也得益于优雅精准的翻译。我最近看了一段资料，介绍《共产党宣言》结尾译文的演变。

1903年最早的中文翻译（译者赵必振）是——

同盟者望无隐蔽其意见及目的，宣布吾人之公言，以贯彻吾人之目的，惟向现社会之组织，而加一大改革，去治者之阶级，因此共产的革命而自警。然吾人之劳动者，于脱其束缚之外，不敢别有他望，不过结合全世界之劳动者，而成一新社会耳。

1905年，朱执信将其翻译为——

凡共产主义学者，知隐其目的与意思之事，为不衷而可耻。公言其去社会上一切不平组织而更新之之行为，则其目的自不久达。于是压制吾辈、轻侮吾辈之众，将于吾侪之勇进焉詟伏。于是世界为平民的。而乐恺之声，乃将达于源泉。

噫！来，各地之平民，其安可以不奋也！

1920年8月，陈望道翻译的《共产党宣言》问世。这个经典段落有了新的译文：

共产党最鄙薄隐秘自己的主义和政见。所以我们公然宣言道：要达到我们的目的，只有打破一切现社会的状况，叫那班权利阶级在共产的革命面前发抖呵！无产阶级所失的不过是他们的锁链，得到的是全世界。

万国劳动者团结起来呵！（Workingmen of all Countries unite！）

1949年，苏联外国文书籍出版局在莫斯科出版《共产党宣言》100周年纪念版。这个版本于同年运到中国。在100周年纪念版中，结尾段的译文是：

共产党人认为隐秘自己的观点和意图是件可鄙的事情。他们公开声言：他们的目的只有用强力推翻全部现存社会制度才可以达到。让那些统治阶级在共产主义革命面前发抖吧！无产者在这革命中只会失去自己头上的一条锁链。他们所能获得的却是整个世界。

全世界无产者，联合起来！

可见，我们今天读到的《共产党宣言》中这段脍炙人口的语言，是百余年来几代翻译者千锤百炼的成果。

外国名著的翻译实在是太重要了。

《共产党宣言》诞生170多年了，今年刚好又是《共产党宣言》全文翻译成中文100周年，世界显然已经发生了翻天覆地的变化，如何评价《共产党宣言》在今天的意义？

联想到《共产党宣言》中对代替资本主义社会的未来社会的憧憬:"代替那存在着阶级和阶级对立的资产阶级旧社会的,将是这样一个联合体,在那里,每个人的自由发展是一切人的自由发展的条件。"我想说,马克思主义的学说,归根到底,是关于"人"的学说,是人的解放的学说,是帮助人彻底获得真正自由的学说。

80年代,有人和我辩论时就问我:"《共产党宣言》是否过时?"当时我就自己的理解作了一番回答。但今天我也不想说服谁,我只想用马克思和恩格斯自己的话来回答这个问题。

《共产党宣言》的正文前有七篇不同出版时期写的序言,有的是马克思、恩格斯共同写的,有的是马克思去世后恩格斯写的。在1872年德文版序言中,两位导师这样写道——

不管最近二十五年来的情况发生了多大的变化,这个《宣言》中所发挥的一般基本原理整个说来直到现在还是完全正确的。某些地方本来可以做一些修改。但是,这些基本原理的实际运用,正如《宣言》中所说的,随时随地都要以当时的历史条件为转移,所以第二章末尾段提出的那些革命措施根本没有特别的意义。

……

同样也很明显,关于共产党人对待各种反对党派的态度的论述(第四章)虽然在原则上今天还是正确的,但是就实际运用来说今天毕竟已经过时,因为政治形势已经完全改变,当时所列举的那些党派大部分已被历史的发展彻底扫除了。

在这里,马克思、恩格斯明确指出,《共产党宣言》中的基本原理不是一成不变的、僵化的教条,而是人们行动的指南,它必然随着无产阶级革命和建设事业的发展而不断地丰富、发展。它的实际运用并不是千篇一律的,而是要求与各国具体实际和时代特征相结合,不断进行理论创新。这正是马克思主义实事求是、与时俱进的理论品格。

1890年,马克思逝世七年后,恩格斯在德文版序言中写道——

"全世界无产者联合起来！"当42年前我们在巴黎革命即无产阶级带着自己的要求参加的第一次革命的前夜向世界上发出这个号召时，响应者还是寥寥无几。可是，1864年9月28日，大多数西欧国家中的无产者已经联合成为流芳百世的国际工人协会了。固然，国际本身只存在了9年，但它所创立的全世界无产者永久的联合依然存在，并且比任何时候更加强固，而今天这个日子就是最好的证明。因为今天我写这个序言的时候，欧美无产阶级正在检阅自己第一次动员起来的战斗力量，他们动员起来，组成一支大军，在一个旗帜下，为了一个最近的目的，即早已由国际1866年日内瓦代表大会宣布、后来又由1889年巴黎工人代表大会再度宣布的在法律上确立八小时正常工作日。今天的情景定会使全世界的资本家和地主看到：全世界的无产者现在真正联合起来了。

如果马克思今天还能同我站在一起亲眼看见这种情景，那该多好呵！

2020年7月28日

"解放"即"自由":马克思错了吗?

——读杨适《人的解放——重读马克思》

一

《人的解放》是我90年代中期买的,但一直沉睡在书橱里。这次在重读了基本马恩原著后,我想到了这本书。我想比较一下我的"重读"和杨适先生的"重读"。其实,就马克思主义哲学而言,我和杨适先生远不在一个档次,今年88岁的他是北大著名的哲学教授、博士生导师。尽管我也听说对他的观点有些争议,但在我这个门外汉眼里,就西方哲学特别是马克思主义哲学而言,他无疑是一个泰斗级的专家。

《人的解放》完成于1995年。作者站在有中国特色社会主义的现实大地上,以苏联解体、东欧剧变、中国的改革开放于1992年重新高歌猛进为背景,回望一百多年前的马克思,研究马克思理论中以前被传统"马克思主义者"忽略了的一些思想,以及这些思想对当今中国和世界的意义。

本书的所有论述都基于作者这样一个认知前提:"马克思是一位人类历史上最伟大的人道主义者。"因而他的思想首先是关于"人"的学说,是探求人类的自由和解放的学说。

而在西方语言里,"自由"和"解放"是一样的。作者考证道:"源于拉丁语liberalis的英语词liberal,及其衍生词liberate, liberation, liberty等,我们既可以译为'自由',也可以译为'解放'。而另一个现代英语词 free 及其衍生词 freedom，同 liberal 在含义上是相通相同的，只是语源不同，它来自古希腊语的 prays（哥特语的 freis，古德语的 fri 和古英语的 fre）。"

  我没法（准确地说，是"没能力"）通过这篇短文探讨涉及历史与现实的宏大问题。但我想拎出三个重要问题，结合杨适先生的论述谈谈我对马克思学说肤浅的理解。杨适先生论述的依据主要是《1844年经济学哲学手稿》《关于费尔巴哈的提纲》《共产党宣言》《青年在选择职业时的考虑》《评普鲁士最近的书报检查令》《论犹太人问题》《法兰西内战》《资本论》。其中，除了《论犹太人问题》《法兰西内战》和《资本论》我只读过一些节选或一点点片段外，其他的我都全文读过多次。

二

  第一，作为人道主义的马克思，必然追求人的自由和人类的解放。
  我完全同意作者对马克思的定位："一位人类历史上最伟大的人道主义者"。必须注意的是，他的思想学说本来根植于西方的人道主义，但马克思的人道主义又不同于一般西方思想中的人道主义，前者是基于历史唯物主义的实践的人道主义，而后者是抽象的空泛的人道主义。
  中学毕业前，17岁的马克思在毕业论文中写道——

  在选择职业时，我们应该遵循的主要指针是人类的幸福和我们自身的完美。不应认为，这两种利益是敌对的，互相冲突的，一种利益必须消灭另一种的；人类的天性本来就是这样的：人们只有为同时代人的完美、为他们的幸福而工作，才能使自己也达到完美。
  如果一个人只为自己劳动，他也许能够成为著名的学者、大哲人、卓越诗人，然而他永远不能成为完美无瑕的伟大人物。
  ……
  如果我们选择了最能为人类福利而劳动的职业，我们就不会为它的重负所压倒，因为这是为全人类所作的牺牲；那时我们感到的将不是一点点自私而可怜的欢乐，我们的幸福将属于千万人，我们的事业并不显赫一时，但将永远存在；而面对我们的骨灰，高尚的人们将洒下热泪。

最后一段话，我在年轻时第一次读到时便热泪盈眶，后来熟读成诵。2006年我出任成都市武侯实验中学校长时，这段话被铭刻在校园最醒目的地方。

相比东方的人道主义，西方的人道主义的特点是强调人的自由，而无论东方还是西方，对人本身的关怀，这是人道主义最基本的含义。正是在这一点上，马克思表现出他博大的悲天悯人的胸怀，在西方资本主义时代把追求自由的人道主义发展到了一个全新的阶段，即由抽象地关怀人到具体地关怀一个个普通的劳动者。

正如作者所写："他关怀的不再是抽象的一般人的命运，因为他发现，如果不能给工人、劳动者、妇女这些占绝大多数的受压抑的人以真实的利益和自由，所谓人的自由就是空话，就会沦为一种欺骗。"

在这一点上，不需要什么"理论素养"，哪怕我们具有作为人起码的良心，想到当今中国一些弱势群体的悲惨遭遇，我们都会有深深的共鸣。

但马克思虽然从关心具体的一个个劳动者命运出发，却并不止于单个人的自由（解放），而是着眼于人类的解放（自由）。我从小就熟知马克思的一个著名论断："无产阶级只有解放全人类，才能最后解放自己。"

作者写道："在以往的社会革命和发展中为自由而进行的斗争，并没有真的为人类解放事业作出多大贡献，得到利益和自由的还是少数，并且这少数人总是形成了新的压迫阶级，使人类处于新的枷锁之中。马克思更发现，人类真正的力量和前途原来就在人的生产劳动（包括物质的和精神的活动在内）之中。所以他在自由文化中通过不断地进行批判超越，达到了一种既有现代理论高度又非常务实的新人道主义，他称之为共产主义。"

而对共产主义社会的定义，马克思和恩格斯说得无比明确——

代替那存在着阶级和阶级对立的资产阶级旧社会的，将是这样一个联合体，在那里，每个人的自由发展是一切人的自由发展的条件。

马克思的思路非常清晰：从人的自由出发，通过人类的解放，最后达到每一个人的自由，这也是每一个人的解放。

对人来说，自由首先是精神自由，其重要表现形式则毫无疑问是言论自由。对此，马克思在《评普鲁士最近的书报检查令》中抨击普鲁士政府对自由言论的绞杀，论述得相当精彩——

你们赞美大自然悦人心目的千变万化和无穷无尽的丰富宝藏，你们并不要求玫瑰花和紫罗兰散发出同样的芳香，但你们为什么却要求世界上最丰富的东西——精神只能有一种存在形式呢？我是一个幽默家，可是法律却命令我用严肃的笔调。我是一个激情的人，可是法律却指定我用谦逊的风格。没有色彩就是这种自由唯一许可的色彩。每一滴露水在太阳的照耀下都闪耀着无穷无尽的色彩。但是精神的太阳无论它照耀着多少个体，无论它照耀着什么事物，却只准产生一种色彩，就是官方的色彩！

第二，消灭私有制并非等于消灭私有财产。

《共产党宣言》旗帜鲜明地宣布——

共产党人可以把自己的理论概括为一句话：消灭私有制。

正是这句话，让许多人恐慌：消灭私有制，难道所有财产都会被"共"掉吗？难道就不允许有个人财产吗？

还有人义正辞严地引用17世纪英国著名思想家约翰·洛克在其《政府论》中的一句名言："权力不能私有，财产不能公有，否则人类就进入灾难之门。"

其实，就在撰写《共产党宣言》的时候，马克思和恩格斯就预料到有人会这样理解——

有人责备我们共产党人，说我们要消灭个人挣得的、自己劳动得来的财产，要消灭构成个人的一切自由、活动和独立的基础的财产。

马克思和恩格斯反驳道——

好一个劳动得来的、自己挣得的、自己赚来的财产！你们说的是资产阶级所有制以前的那种小资产阶级的、小农的财产吗？那种财产用不着我们去消灭，工业的发展已经把它消灭了，而且每天都在消灭它。

或者，你们说的是现代的资产阶级的私有财产吧？

但是，难道雇佣劳动，无产者的劳动，会给无产者创造出财产来吗？没有的事。这种劳动所创造的是资本，即剥削雇佣劳动的财产，只有在不断产生出新的雇佣劳动来重新加以剥削的条件下才能增加起来的财产。现今的这种财产是在资本和雇佣劳动的对立中运动的。

做一个资本家，这就是说，他在生产中不仅占有一种纯粹个人的地位，而且占有一种社会的地位。资本是集体的产物，它只有通过社会许多成员的共同活动，而且归根到底只有通过社会全体成员的共同活动，才能运动起来。

因此，资本不是一种个人力量，而是一种社会力量。

因此，把资本变为公共的、属于社会全体成员的财产，这并不是把个人财产变为社会财产。这时所改变的只是财产的社会性质。它将失掉它的阶级性质。

我理解，马克思和恩格斯的意思是，无产阶级根本没有"个人挣得的、自己劳动得来的财产"，所以不存在被"消灭"，而"小资产阶级、小农的财产"，早就被资本主义工业发展消灭了，变成了资本家的"资本"。而资本家，将靠剥削来的、本来属于无数劳动者的个人财产变成了资本，又将这掠夺来的资本占为己有（维护和保证这种占有的经济制度，就是"私有制"），然后又将其变成了一种社会力量。而无产阶级革命要改变的只是将资本变成社会全体成员的财产，而不是"把个人财产变为社会财产"。马克思和恩格斯特别强调，财产所失掉的，仅仅是其"阶级性质"。

其实，"私有制"与"私有财产"本身就不是一回事，这是常识。但不少人或无意（无知）或有意（恶意）将二者混为一谈。

当然，还有一种源于现实的误解，就是社会主义国家的生产资料公有制，在实践中并非一帆风顺，相反还出了不少问题。马克思和恩格斯曾经设想的社会主义社会是单一的全社会所有制，即单一的全民所有制，"实现整个社会对一切生产资料——土地、铁路、矿山、机器等——的直接占有"（《马克思恩格斯选集》第4卷）。在社会主义中国，经济制度的基础是生产资料的社会主义公有制，即全民所有制和劳动群众集体所有制。

但由于种种原因，包括某些制度的不完善，人们认为所谓"公有制"是空的，因为感觉不到这个国家的每一份财产从根本上说都是属于这个国家每一个成员的；很多时候，国家所有制往往变成了部门所有制、地方所有制或单位所有制，离真正的社会公共占有相距甚远。甚至，由于腐败现象的出现，特别是由于披露出来的腐败分子的官位越来越高，其非法所获的财产数额越来越大，人们觉得公共财产实际上成了某些私人的财产，"全民所有""集体所有"成为"全民没有""集体没有"，这样又反过来对马克思和恩格斯所说的"消灭私有制"产生了质疑。

马克思、恩格斯所主张要消灭的"私有制"，在《共产党宣言》中有着明确的界定，指的是"资产阶级的所有制"，即资本家私人占有由社会劳动形成的资本以支配他人劳动生产剩余价值的那种权力制度。杨适先生的解读是："它只是土地、资本、一切生产和生活资料都集中在资产阶级手里，因此劳动者只有自己的劳动力而成为无产阶级的那种所有制。"

前面我引用了《共产党宣言》对"消灭个人财产"的责难的批评，马克思、恩格斯的意思是，无产阶级本来就没有自己的个人财产，所以不存在消灭，消灭的只是资产阶级占有的剥削劳动者的"财产"。那么，无产阶级夺取国家政权后呢？当劳动者成为国家主人以后，其财产也应该被"公有"或"共有"吗？

其实，马克思、恩格斯所说的"公有制"，指向是非常明确的，就是

《共产党宣言》中所说："全部生产集中在联合起来的个人的手里。"在《资本论》中，马克思更是明确提出："在协作和对土地及靠劳动本身生产的生产资料的共同占有的基础上，重新建立个人所有制。"

而这恰恰是多年以来，我们对马克思、恩格斯关于社会主义所有制思想方面的严重忽视！

对此，杨适先生分析说："人们对于马克思的'消灭私有制'和'建立公有制'提法的模糊认识和错误理解，最明显地表现在对他所说的'个人所有制'的意义缺乏理解。长期以来流行的看法都是：一方面把'个人所有制'同'私有制'挂在一起，甚至当作同义语；另一方面则把'个人所有制'同'公有制'完全对立起来。这样就把马克思的观点恰恰搞颠倒了，同他的见解相反了：因为他所说的'个人所有制'指的乃是劳动者的个人所有制，它正是资产阶级的私有制（他通常简称之为'私有制'）的对立物；而这种个人所有制同社会主义公有制倒是不可分的，所以他强调那是'重建个人所有制'。这个问题不弄清楚，我们对什么是马克思主义的社会主义所有制就不会有清楚的概念。"

我认为，杨适先生的理解是正确的，对此的分析是精辟的。

所以，共产党人消灭私有制不等于消灭私有财产。用洛克的"财产不能公有"来批判马克思、恩格斯的"消灭私有制"，显然是牛头不对马嘴。

第三，社会主义国家理应有着超越资本主义国家的更广泛更高级的实质性民主。

如何保证社会主义公有制真正成为国家每一个劳动者私人财产的保证，而不是让公共财产进入个人腰包？这当然取决于国家政治制度的民主，特别是对公共权力的有效而有力的监督。其实，需要监督的还不只是权力对个人财产的侵犯，还有对宪法规定的个人自由以及各种个人权利的侵犯。

无产阶级专政理论是马克思主义精髓。马克思、恩格斯在《共产党宣言》中指出："工人革命的第一步就是使无产阶级上升为统治阶级，争得民主"；"无产阶级将利用自己的统治，一步一步地夺取资产阶级的全部资本，把一切生产工具集中在国家即组织成为统治阶级的无产阶级手里，并且尽可能快地增加生产力的总量"。这是他俩对无产阶级专政思想最早的表述。1875年批判"哥达纲领"时，马克思强调了无产阶级专政的必要性："在资本主义社会和共产主义社会之间，有一个从前者变为后者的革命转变时期。同这个时期相适应的也有一个政治上的过渡时期，这个时期的国家只能是无产阶级的革命专政。"（马克思《哥达纲领批判》，《马克思恩格斯选集》第3卷）

两位革命导师所确认的无产阶级专政的历史任务主要是：镇压被推翻的剥削阶级和一切敌对势力的反抗、破坏；对广大的劳动人民实行最广泛的民主；大力发展生产力，不断完善和发展社会主义的生产关系和上层建筑，并在此基础上消灭一切阶级差别、重大社会差别和社会不平等；建设高度民主的社会主义政治制度和高度的社会主义精神文明，从各方面创造条件，向共产主义过渡。到那时，无产阶级专政将随着自己的历史任务的完成而逐渐消亡。

看看，镇压敌对势力仅仅是无产阶级专政的任务之一，而实行最广泛的民主，正是无产阶级专政的重要使命。

随着阅读马恩原著的深入，我发现，个人专制在马克思主义那里找不到半点因子，相反，"社会契约"理论、"人民公仆"思想在马克思主义国家学说中却占有重要地位。

1843年，马克思就在《黑格尔法哲学批判》中写道："正如同不是宗教创造人而是人创造宗教一样，不是国家制度创造人民，而是人民创造国家制度。"这话清楚地表明，不是国家给了人民的一切，而是人民给了国家的一切。马克思还明确指出："人民的主权不是从国王的主权中派生出来的。相反地，国王的主权倒是以人民的主权为基础的。"可见，人民才是国家权力的主人。

马克思、恩格斯亲眼见到了并非由他们领导而发生的巴黎公社起义，以及由此诞生的世界上第一个无产阶级政权。虽然它存在了几十天，马克思、恩格斯却对它的政权形式予以高度的评价。马克思在总结巴黎公社经验时指出："旧政府权力的合理职能应该从妄图驾于社会之上的权力那里夺取过来,交给社会的负责的公仆……为组织在公社里的人民服务。"恩格斯也高度赞扬了巴黎公社"为了防止国家和国家机关由社会公仆变为社会主人"而采取的两个正确方法——废除等级授权制和废除官吏的高薪。

特别值得注意的是,马克思、恩格斯所高度赞扬的巴黎公社,实行的正是普选制度。杨适先生介绍道:"公社是由巴黎各区普选选出的代表组成的,这些代表对选民负责,随时可以撤换。从公社委员起,自上至下一切公职人员都只领取相当于工人工资的薪金。国家高级官吏享有的特权消失了,公职不再是少数人的私有物。"

通过普选产生,随时可以撤换,薪金等同工人,官员特权消失——这就是马克思、恩格斯所欣赏并预想的未来社会主义国家的民主政治。仅"普选产生""随时撤换"这两条的制度化,人民对公仆的监督就落到了实处。

而对于个人崇拜(也叫"个人迷信"),马克思和恩格斯毫不掩饰他们的厌恶。

马克思在给德国政治活动家威廉·布洛斯的信中写道——

由于厌恶一切个人迷信,在国际存在的时候,我从来都不想公布那许许多多来自各国的、使我厌烦的歌功颂德的东西,我甚至从来也不予答复。偶尔答复,也只是加以斥责。恩格斯和我最初参加共产主义者秘密团体时的必要条件是:摒弃章程中一切助长迷信权威的东西。

恩格斯也写道——

马克思和我,我们一直反对公开宣扬个人,只有为了达到某种重大目的才可例外。我们尤其反对那些在我们活着的时候,对我们个人所做的宣扬。

至少从马克思和恩格斯那里,我们看不到社会主义与个人崇拜有丝毫的必然联系。

三

纵观马克思主义诞生172年来，或风雷激荡，或低潮徘徊，但一直薪火不绝。许多国家和无数党政都声称自己"信仰马克思主义"或"是马克思主义真正的继承人"：西欧共产党的"欧洲共产主义"、社会党国际的"民主社会主义"、亚非拉地区的民族社会主义，已经作为一种富有影响的学术思潮的西方马克思主义……这在很长一段时间里，被中国共产党批判为"修正主义"，而现在我们对各种"马克思主义"的流派和"社会主义"的模式，都报以尊重与宽容。

这是对的。既然如马克思所说，"每一滴露水在太阳的照耀下都闪耀着无穷无尽的色彩"，那么同样的道理，应该允许马克思主义的"太阳"因不同国情不同历史不同文化的"露水"而闪耀着不同的"色彩"。所谓不同特色的社会主义理论与实践就是这样诞生的。

我并不是一个马克思主义者，我对马克思的尊敬和对他学说的肤浅学习，是基于一个知识分子对一位富有批判精神的伟大思想家的尊敬。我当然知道马克思的思想不可能没有局限和错误，比如他设想的社会主义经济运行就没有市场经济的位置，还有他认为暴力革命是无产阶级夺取政权的唯一途径也值得重新思考……

如果马克思看到今天世界飞速发展的新科技革命对生产力发展的迅猛推动，看到当代资本主义对资本主义生产资料占有形式的自我调整，看到经济全球化对资本主义基本矛盾的深刻影响，他肯定对资本主义社会有新的认识和分析。然而，马克思对资本主义社会基本矛盾的揭示依然存在，并等待着人类去解决，虽然解决这个矛盾的方式和途径可能会有新的探索，但是，只要马克思所揭示的资本主义社会的基本矛盾没有消失，只要无产阶级和人类解放的任务还没有完成，马克思的学说就具有不容抹煞的现实意义。最关键的是，人们常说的"马克思主义哲学是科学的世界观和方法论"我认为是正确的，马克思并不能为我们今天提供解决具体问题的具体方法，但为我们观察世界、分析问题提供了科学的方法，虽然不是唯一的方法。

杨适先生在本书中说："当然，马克思所能提供给人的也只是一种理论的轮廓，他自己甚至都没有能完成他的研究。时代在发展，问题正层出不穷，新的挑战摆在我们面前，这更不是马克思所能看到想到的。他不过开辟了一条通向人类解放的大路，其中还有许多新问题新环节远未弄清楚，等待着我们去研究。"

而马克思、恩格斯也从不讳言他们某些观点的"过时"。1872年，马克思、恩格斯就坦然地在《共产党宣言》的序言中承认——

由于最近25年来大工业有了巨大发展而工人阶级的政党组织也跟着发展起来，由于首先有了二月革命的实际经验而后来尤其是有了无产阶级第一次掌握政权达两月之久的巴黎公社的实际经验，所以这个纲领现在有些地方已经过时了。

重读这段文字，我不禁浮想联翩，并情不自禁发问：以今天的眼光看，马克思、恩格斯的观点有没有"过时"的呢？

比如，《共产党宣言》中宣称"工人没有祖国"，这不是鼓励"不爱国"甚至"叛国"吗？我认为，这句话要放在特定的历史背景中去认识，否则很难理解。马克思、恩格斯这里所说的"祖国"，特指对工人阶级进行剥削压榨的资产阶级国家政权，这样的所谓"祖国"当然不属于工人；而且，共产主义革命要在全世界取得胜利，工人阶级当然要突破狭隘的国家观念和民族意识，因为"无产阶级只有解放全人类，才能最终解放自己"[①]。所以，已经夺取政权的无产阶级建立社会主义国家后，一定要帮助世界上其他被压迫人民和被压迫民族推翻本国资产阶级的统治，这也是我国有一段时间声援亚非拉革命特别是直接支援东南亚共产党武装斗争的原因。应该说，这在马恩那里是能够找到理论依据的，用《共产党宣言》中的原话，就是："总之，共

[①] 这句话是《共产党宣言》的基本原理之一，但原话不是这样的。原文见恩格斯在马克思去世后所写的《共产党宣言》1888年英文版序言："被剥削被压迫的阶级（无产阶级），如果不同时使整个社会一劳永逸地摆脱任何剥削、压迫以及阶级差别和阶级斗争，就不能使自己从进行剥削和统治的那个阶级（资产阶级）的控制下解放出来。"

产党人到处都支持一切反对现存的社会制度和政治制度的革命运动。"

问题是，时代已经发展到今天，这个论断的确"过时"了，因为"和平共处五项原则"已经成为当今世界上国与国相处的基本准则，不干涉别国内政，尤其是"尊重各国人民自主选择发展道路的权利"是中国改革开放以来所遵循的对外方针。中国共产党从70年代末80年代初开始，就果断终止对其他国家共产党武装革命的支援，而且明确表示反对"输出革命"——新加坡前总理李光耀因此对邓小平予以高度评价。毫无疑问，这些都是中国共产党根据变化了的历史条件所作出的调整。

但马克思、恩格斯在《共产党宣言》的序言中同时指出——

不管最近25年来的情况发生了多大的变化，这个《宣言》中所阐述的一般原理整个说来直到现在还是完全正确的。……这些原理的实际运用，正如《宣言》中所说的，随时随地都要以当时的历史条件为转移，所以第二章末尾提出的那些革命措施根本没有特别的意义。

"随时随地都要以当时的历史条件为转移"，这是理解与实践马克思主义理论的关键。

但无论怎样"转移"，马克思全部思想学说的宗旨——人类的解放，是永恒的，是不可"转移"的。

而"解放"即"自由"，而且是"每个人的自由发展"。

这是马克思毕生的事业。

1883年，还差两个月不到才满65岁的马克思临终前，也许会想到自己17岁时豪迈的心声——

我们的事业并不显赫一时，但将永远存在；而面对我们的骨灰，高尚的人们将洒下热泪。

2020年8月13日

"批判正是科学的生命"

——读波普尔

一

距离第一次读波普尔（又译为"波普"），刚好整整20年。

记得2001年夏天，我和波普尔交上了朋友。在那个多年未遇的酷暑时节，因为有了波普尔，我便时时感到了迎面拂来的清新的思想之风。

从那以后，我便没再集中读他，但每次在报刊上看到"波普尔"的名字，就有一种亲切感。最近，我又重新翻出读过的波普尔的著作《开放社会及其敌人》（陆衡等译，中国社会科学出版社1999年版）以及有关他的评传《波普尔》（戴建平著，陕西师范大学出版社2017年版）、《波普传》（赖晖亮、金太平著，河北人民出版社1998年版），有一种老友重逢的感觉。

波普尔是当代西方最著名的科学哲学家和社会哲学家之一。有人评价道："如果说现代西方几乎没有一个哲学家试图建立一个广泛涉及本体论、认识论和社会历史哲学的庞大哲学体系的话，那么，卡尔·莱芒德·波普尔（Karl Raimund Popper）是一个例外。"（《波普尔传·引言》）他的批判理性主义哲学方法论打破了逻辑实证主义在现代科学时期的独尊地位，迎来了流派杂然纷呈的繁荣局面，大大推进了科学方法论的研究，使之朝着建立越来越符合现代科学实际的方法论的方向前进，因而被全世界哲学界、自然科学界和社会科学界所关注。

二

要用简洁的语言概括波普尔博大精深的思想，是我力不能及的。这主要不是受制于我的语言概括能力，更主要的原因是，我不得不承认，以我有限的常识，对波普尔的著作我并没有完全读懂。尽管如此，我仍然被我能够理解到的他的一些思想所打动。我认为，在他全部理论的体系中，最富有思想穿透力和生命震撼力的，是他的批判精神。他以卓越的创造精神，对"什么是科学""科学与非科学的分界""科学适应增长的方法和过程"等问题作出了自己全新的回答，并推翻了许多人心目中从来都"理当如此"的"常识"。

比如，长期以来，包括逻辑实证主义在内的所有归纳主义都认为，科学理论是严格地从对经验事实的观察和实验中归纳推导出来的；科学知识之所以确实可靠，是因为它已经被经验所证实。波普尔对这种观点持彻底否定的态度。在他看来，有限不能证明无限，过去不能证明未来。他指出，人们的观察无论重复多少次，都始终是有限的，而科学原理或定律所包含的对象在数量上都是无限的。用有限去证实一个无限，就好像把水倒进一个无底的水桶一样，是永远不会有什么结果的。从这个反归纳的立场出发，波普尔提出：科学的理论或命题不可能被经验证实，而只能被经验所证伪，即观察和实验所提供的经验事实只能证明一个理论是假，却不能证明一个理论是真。因此，科学的划界标准只能是可证伪性：一切命题凡是能够被经验证伪的，就是科学的，否则就是非科学的。需要特别说明的是，按我的理解，在波普尔的理论中，"证伪"这个概念有着特定的含义——"证伪"之"伪"不是"假"的意思，而是"不完善""有缺陷""有待超越""有待发展"等含义。

由此波普尔得出结论：科学的进步在于不断地批判旧的理论，大胆地猜测新的理论，不断去除错误理论中的错误，其中的过程是：（1）科学开始于问题，问题促进科学家思考；（2）思考的结果是，科学家作出各种各样的大胆的尝试性猜想，即假说或理论；（3）这些理论之间展开激烈竞争和互相批判，并经受观察和实验的严格检验，从而筛选出最优越的理论；（4）这个新理论在科学的进一步发展中遭到证伪，从而导致新的问题的出现。波普尔认为，科学知识的增长或科学理论的发展的过程就是这四个步骤的循环往复。由于科学理论总是有可能被证伪的，这样的循环往复就是无限的，因而对科学理论的批判是无止境的，所以科学的发展也是无止境的。

三

毫不夸张地说，在波普尔的著作中，绚丽夺目的思想火花随处可见。请读这样的句子：

应当把科学设想为从问题到问题的不断进步——让问题的结果成为越来越深刻的问题。

理论被看作是我们自己心灵的自由创造、一个诗意般直觉的结果，直觉地理解自然规律的尝试的结果。但是，我们不再试图把我们的创造物强加给自然界。相反，我们像康德教导我们的那样向自然界提出问题：我们试图使他对我们理论的真理性做出否定的回答，我们并不试图证明或证实我们的理论，而是试图通过驳斥、证伪、反驳它们来加以检验。

科学批判常常以我们的理论的灭亡代替我们的灭亡，在我们的错误信念导致我们自己被消除之前把错误信念消除掉。

科学家试图消除他们的错误理论，他们试图让错误的理论死亡从而保存自己、信仰者，无论是动物还是人，则带着他的错误信仰而死亡。

所有的理论都是假说，所有的理论都可以推翻。

批判正是科学的生命。

……

的确，所有不能被证伪的理论都是非科学或伪科学。科学理论的特征恰恰是不能无条件地"自圆其说"或"放之四海而皆准"，它一旦被发现其缺陷，即被"证伪"，便获得了向前发展的生命力。就自然科学而言，从伽利略理论到牛顿理论再到爱因斯坦理论，就是物理学理论不断被证伪因而也不断向前发展的过程；就社会科学而言，从马克思"社会主义革命不能首先在一国成功"的理论被列宁"社会主义革命只能首先在一国成功"的实践所突破，到再被毛泽东"革命可以通过农村包围城市的方式取得成功"的实践所超越，一直到被邓小平关于"社会主义可以搞市场经济"的理论所发展……这一次次被"证伪"的过程，正是体现了马克思主义作为科学理论的伟大生命力所在。相反，任何宣称"万能"标榜"永远立于不败之地"并不许怀疑拒绝批判的"学说""理论""终极真理"都是非科学，比如"法轮功"之类。

四

波普尔当然不是马克思主义者——非但不是马克思主义者，他在其著作中还不止一次地批评马克思主义的一些观点。

波普尔在批评马克思思想的同时，对马克思保持了足够的尊敬。在他看来，马克思是一位伟大的人道主义者，他说："马克思热爱自由，热爱真正的自由。"还说："如果不承认马克思的真诚，我们就不能公正地对待他。马克思的开放的心灵、敏锐的现实感、不信空言，尤其是不信道德方面的空言，使他成了世界上反对伪善和法利赛主义的最有影响的战士之一。他有着帮助被压迫者的强烈欲望；他充分意识到，需要在行动上而不只是在言词中证实自身。尽管马克思的主要才能是在理论方面，但是为铸造他认为是科学的战斗武器，以改进大多数人的命运，他付出了巨大辛劳。我认为，他追求真理的真诚和他在理智上的诚实，使他与他的许多追随者完全不同。"

但这不妨碍他对马克思的批判，特别是对马克思"历史决定论"的质疑。所谓"历史决定论"有两个特点：第一，肯定社会历史发展有内在规律性；第二，肯定人们能够在认识这种规律的基础上对社会历史作出预言。马克思认为，社会发展是由规律决定的，而他发现了规律。这个规律就是"人类历史从原始社会开始，然后经过奴隶社会、封建社会、资本主义社会必然迈向共产主义社会（含前期的社会主义）"，即我们所熟知的"五阶段论"。

而波普尔认为，社会历史发展无规律。首先，不是经济决定思想，而是思想决定经济，从而决定社会的发展。其次，所谓的历史规律是不可检验的。再次，自然现象有重复性，社会历史现象没有重复性。他认为重复性是规律性的必然表现，因为事物变化的规律是通过现象的不断重复表现出来的。没有重复性也就没有规律性。当然，波普尔也没有否认社会现象的相对重复性。他认为历史有时候可能存在一定方面的重复，或者历史事件的某些类型方面的类似性，但这种"重复"并不表现为规律性，它们具有各自不同的环境。在他看来，只有像自然现象那样绝对的重复才能表现为规律。第四，自然界的新事物不同于社会的新事物。第五，社会历史现象有着强烈的人为性和复杂性。社会现象的"人为性"在于它有人的思想活动的参与，社会的"复杂性"则在于它的多方面的联系和对这类联系的不可能人为地孤立化。第六，自然现象有规律性，社会历史现象只有"趋势性"，而规律和趋势是根本不同的两回事。

因此，波普尔的观点是，人类历史的进程不可预测。规律和科学预测有必然的逻辑关系，预言必须以规律为依据。他认为，社会历史的预言往往只是把一种暂时的趋势当作普遍规律，并从此无条件地推论未来。这是错误的。在他看来，马克思就是一位历史进程的错误的预言家。他在《开放社会及其敌人》一书中表达了对马克思人格和人道主义立场的高度尊敬后，转而写道："那么，为何还要攻击马克思呢？虽然他有许多功绩，但是我认为，他是一位错误的预言家。他是历史进程的预言家，他的预言并没有实现；但这不是我的主要责难。更为重要的是，他误导大批有理智的人相信，历史预言是探讨社会问题的科学方式。"虽然他认为马克思是一位错误的预言家，但又说："科学要经历不断的尝试和错误才能进步。马克思毕竟进行过尝试，虽然他在主要理论上犯了错误，但他的尝试没有白费。他以各种方式开拓了我们的眼界，使我们的目光更敏锐。"

五

我这里只是介绍波普尔的观点，无意对他作出理论上的评判。但即使不同意他的观点，也完全可以从他的理论中批判地汲取合理的思想养料。其实，我感到波普尔的批判理性主义与马克思主义在客观上不无某些相通之处。马克思的女儿曾经问马克思："您的座右铭是什么？"马克思回答是："怀疑一切。"马克思的战友威廉·李卜克内西曾这样评价马克思："他是一个彻底正直的人，除了崇拜真理之外他不知道还要崇拜别的，他可以毫不犹豫地抛弃他辛辛苦苦得到的他所珍爱的理论，只要他确认这些理论是错误的。"更何况，波普尔的证伪理论包含有马克思主义所提倡的辩证法因素。马克思对于辩证法曾作过这样的阐述："辩证法在对现存事物的肯定理解中同时包含对现存事物的否定理解，即对现存事物的必然灭亡的理解；辩证法对每一种既成的形式都是从不断的运动中，因而也是从它的暂时性方面去理解；辩证法不崇拜任何东西，按其本质来说，它是批判的和革命的。"

波普尔提倡科学家应该具有四种科学精神：一是敢于犯错误的精神，二是批判的精神，三是否定或革命的精神，四是创新的精神。是的，不断地实践，不断地批判，不断地否定，不断地创新——我认为，这也正是今天正在走向伟大复兴的中国所不可或缺的精神。

2021年2月3日（立春）

"要创造有利于进步的条件,而不是去'计划进步'"
——再读哈耶克《通往奴役之路》

虽然是第二次读《通往奴役之路》,但依然被作者富有穿透力的前瞻性眼光所震撼。这部学术著作写于1944年,二战还没结束,后来与美国对峙的社会主义阵营还没形成,但作者却预见到实行计划经济的社会主义社会可能会出现的问题和弊端。而作为在计划经济环境中成长起来的我,读到作者对计划经济的批评,多有共鸣。

作者哈耶克,是奥地利出生的英国知名经济学家、政治哲学家,1974年诺贝尔经济学奖得主,被广泛誉为20世纪最具影响力的经济学家及社会思想家之一。《通往奴役之路》出版后被翻译成超过20种语言出版,是学界公认的20世纪最具影响力的学术著作之一。

该书的基本观点是:国家计划经济制度建设的福利国家并不是为了实现个人自由,而是向专制、奴役人民的方向迈进。他坚持古典自由主义的立场,认为市场和其他主观设计的制度具有"自发秩序"的功能,自由市场能够促进竞争、优化资源配置;而计划经济、国家干预则可能导致人治的问题。

20世纪上半叶,人类经历了两次世界大战,还发生了资本主义世界的经济大萧条,而世界上第一个社会主义国家苏联则呈现出强劲的发展势头,并在反法西斯战争中发挥了巨大的作用,所以当时不少国家,特别是英国的一些政治家、哲学家和经济学家都倾向于国家计划经济,他们甚至认为,这可能是未来人类社会发展的一个必然趋势。恰恰在这个时候,哈耶克通过这部书大声疾呼：不，那是一条通往奴役之路！当人们以计划经济能够给人带来"公平理想"社会为理由赞美并憧憬计划经济制度时，哈耶克借用荷尔德林的话提醒大家："总是使得一个国家变成人间地狱的人事，恰恰是人们试图将其变成天堂。"

虽然该书一出版便引起轰动，但轰动之声中也包括争议，尤其是来自左翼人士的批评和攻击，直到今天，围绕该书的观点及评价，依然很难说赢得了广泛的共识。然而，历史似乎站在了哈耶克一边——随着苏联及东欧国家僵化的斯大林式的计划经济体制逐步走进死胡同，最后导致整个国家制度的变迁，与此形成鲜明对照的中国改革开放实行社会主义市场经济所取得的显著成就，哈耶克关于市场经济的理论得到了一定程度的证明。

我再摘录几则哈耶克在本书中的语录——

在自由主义的基本原则中没有什么东西能使它成为一个静止的教条，也不存在一成不变的一劳永逸的规则。在安排我们的事务时，该尽可能多地运用自发的社会力量，而尽可能少地借助于强制，这个基本原则能够作千变万化的应用。

从纯粹的并且真心实意的理想家到狂热者往往不过一步之遥。

在一个非常整齐划一和教条主义地推行多数民主的政府统治下，民主制度也许和最坏的独裁制度同样暴虐。但是，我们的要点与其是说独裁必然不可避免地消灭了自由，毋宁是说计划导致独裁，因为独裁是强制推行各种理想的最有效工具，而且，集中计划要在很大程度上成为可能的话，独裁本身是必不可少的。

在一个竞争性的社会中，我们的选择自由是基于这一事实：如果某一个人拒绝满足我们的愿望，我们可以转向另一个人。但如果我们面对一个垄断者时，我们将唯他之命是从。

他们之所以倡导计划，不再是由于它的生产率高，而是由于它能使我们得到一个比较公正和平等的财富分配。这确实是能够认真地坚持要求计划的唯一理由。如果我们希望获得符合于某种预定标准的财富分配，如果我们想有意识地决定谁将会有什么，那么，我们就必须计划整个经济制度，这是无可置疑的。然而问题仍然是，为了实现某些人的公平理想，我们必须付出的代价，较之受到众多攻击的经济力量的自由竞争所引起的后果，是否一定不会造成更多的不满和压制呢？

垄断之所以构成一种危险，并不是由于几个有利害关系的资本家的活动，而是由于他们让某些人分享他们的成果因而得到那些人的支持，并且由于他们使更多的人相信，支持垄断事业有利于一个更公平更有秩序的社会的建立。

要创造有利于进步的条件，而不是去"计划进步"。

一项维护个人自由的政策是唯一真正进步的政策，在今天，这一指导原则依然是正确的。

……

哈耶克是在批判计划经济，但他显然不只是在说经济。在他看来，计划经济必然导致与之相适应的以人治为特征的政治制度和社会状况。所谓"经济基础决定上层建筑"——马克思主义的这个基本常识，在哈耶克这里得到了恰如其分的运用。

但哈耶克绝非马克思主义的拥护者。我不能不指出，哈耶克毕竟是西方资产阶级的自由主义经济学家，他对马克思主义、集体主义、社会主义的理解与评价，不可能不带有某些偏见，他所推崇的自由主义市场经济与中国特色社会主义市场经济也不是完全没有区别。但是，既然都是"市场经济"，无论前缀是"自由主义"还是"社会主义"，都必然有"市场经济"的共性。而且就市场经济的运行而言，西方的市场经济显然早于中国刚刚开始的市场经济，无论其实践还是理论，我们完全可以也应该在有所鉴别的基础上，有所选择地为我所有。

这是中国特色社会主义建设者们应该有的胸襟，也是我们真正的自信所在。

2020 年 9 月 5 日

第六辑

原来丹麦不仅仅有安徒生

——《教育的100种语言》序

2018年3月的丹麦之行,对我来说是一个意外的惊喜。

一月份,一位名叫"董瑞祥"的先生跟我联系,说邀请我去丹麦考察教育。我当时没反应过来,因为我和这位董先生素不相识。经过进一步沟通,我才知道这位董先生是一名学者,很令人尊敬。

他原来是中学教师,后来辞职经商,又在联合国工作过,还曾担任过21世纪教育研究院的执行院长,一直情寄教育。留学丹麦期间,他对丹麦的教育很是赞赏,决定尝试将丹麦的教育理念和模式引进中国,结合中国国情予以创造性转换和运用。

经过一番努力,他与丹麦北菲茵民众学院(以下简称"北菲茵学院")谈妥了合作,建立了"丹麦安徒生国际幼儿师范学院"(以下简称"安幼")以培训中国幼儿教师,北菲茵学院负责提供校舍和教师,董先生负责招生,"老牛基金会"提供资金赞助。也就是说,参加培训的幼儿教师以及相关的考察人员全免费,他们在丹麦的所有费用(培训费、吃住行等费用)都由"老牛基金会"提供。

应该说,董先生做了一件非常有意义的事。他招收的每期培训学员都是来自一线的普通教师;除此之外,每期他都要邀请一两位教育专家同赴丹麦考察。我就是承蒙错爱,被他作为所谓"教育专家"而邀请去考察的。

于是,我便"混迹"于这个团队,有了这么一次幸运的丹麦之行。

2018年3月，我随"安幼培训项目"第二期学员，在丹麦待了两周。我和全国各地招来的老师们（主要是幼儿园老师）一起听课，授课者大多是丹麦的大学教授和幼儿教育工作者，我们还走访了几所幼儿园，这让我们对丹麦的幼儿教育有了比较系统的了解。但教授们给我们讲的远不只是教育，更从历史、政治、经济、社会等方面给我们讲丹麦文化，让我们了解并理解丹麦幼儿教育所产生的"气候"和"土壤"。

但对我来说，有些遗憾，毕竟我是搞中学教育的，还想了解一下丹麦的中学教育，乃至高等师范教育。于是2018年10月，我随"安幼"第五期学员再赴丹麦，这次我是自费考察。第二次在丹麦的两周时间里，我重点考察了他们的中小学（对丹麦来说，就是"学校"，因为他们的小学和初中是一体化的），也看了他们的高中教育，包括高中阶段的一些特殊学校，还和丹麦一些高等师范学院的教师进行了座谈，了解了他们的师范教育。

没去丹麦之前，我对这个遥远国家的唯一印象就是安徒生。去了两次，我才感到丹麦的骄傲远不只是童话作家安徒生，还有教育家格隆维、哲学家克尔凯郭尔——这三位大师首先都是思想家。这个人口573万（2016年）、国土面积4.3万平方公里（比中国台湾大一点）的国家，却曾经是欧洲强国之一。世界上第一面国旗便是1219诞生的丹麦国旗，被称为"丹麦人的力量"。丹麦于1950年5月11日与中华人民共和国建立外交关系，是第二个与新中国建交的西方国家（第一个是瑞典）。丹麦是世界上最清廉的国家，清廉指数位居世界首位，幸福指数长期排名世界前三，2019年是第二位（中国是第93位）。500多万人口的丹麦有13位诺贝尔奖得主，以"人均"计为世界第一。丹麦为人类贡献了不少著名科学家，如量子力学的奠基人尼尔斯·玻尔，电流磁效应的发现者奥斯特，世界上第一个发现并测定光速的奥勒·罗默，第一台磁性录音机的发明者波尔森，发现原子核结构理论的本·莫特森，等等。玻尔创办的理论物理研究所，使哥本哈根成为世界物理学研究的圣地。现在风靡世界的以问题为导向的PBL（Problem-based Learning）教学模式，居然是70年代在丹麦的奥尔堡大学形成的，由联合国教科文组织命名为"奥尔堡方法"向全世界推广……

这一切的背后显然有着教育的力量。自由、平等、民主、个性、开放……这是丹麦教育给我留下的深刻印象。我当然知道，丹麦的国情与中国不同，丹麦教育的做法不可能简单地生搬硬套到中国的土壤上，但人类总有一些根本的共同价值认同——对自由的渴望，对创造的呼唤，对文明的追求，对幸福的向往……不然，我们就难以理解2013年6月7日习近平主席在会见时任美国总统奥巴马时说的这番话："中国梦要实现国家富强、民族复兴、人民幸福，是和平、发展、合作、共赢的梦，与包括美国梦在内的世界各国人民的美好梦想相通。"

1983年，邓小平同志为北京景山学校写下"教育要面向现代化，面向世界，面向未来"的题词。是的，我们当然要"立足中国国情，扎根中国大地"办教育，但同时还应该继续"面向世界"。这是我们应有的自信，教育的自信。

感谢"老牛基金会"给了我一双看丹麦的眼睛，感谢安幼董瑞祥先生带着我踏上了丹麦的土地。这两次丹麦学习和考察的见闻和感受，我都以日记的形式记录下来，并及时发布在我的微信公众号"镇西茶馆"上。我将约十万字的"丹麦日记"作了进一步的整理和修改，便成了这本《教育的100种语言》。

需要特别说明的是，本书保留了日记体的文字形式，对比较长的日记适当划分为两部分或三部分，同时为每一则日记（每一部分）都拟了一个标题，以方便读者阅读。在从日记到著作的整理过程中，我自然删除了不少比较个人化的琐碎的生活记录，但我特别原汁原味地呈现了每一节课的课堂笔记——我打字特别快因而基本上能够做到同步记录，还展示了参观考察学校的所见所闻；除此之外，我还特意保留了日记中不多的有关丹麦社会和自然景物的记叙和描绘。我试图让读者通过我的眼睛，看到的不仅仅是丹麦的教育，还有丹麦布满彩云的天空、野花盛开的原野、一望无尽的森林、浩渺无边的大海、欢腾跳跃的旭日、滴血沉沦的夕阳……

但愿这部图文并茂的小书，能给您带来与读我以往著作不同的美好感受。谢谢您，亲爱的读者！

2019年5月2日

精心加工每一份"草稿"

——《教育的100种可能》序

一

去年,我去一所学校给老师们讲课时,得知某遍布全球的著名火锅品牌的创始人当年就是这所学校的孩子。但该创始人至今怨恨这所学校,因为他当年在这所小学读书时由于成绩不好,表现调皮,觉得受到过老师不公平的对待。这样一来,该校就不好公开宣传他们"培养"了一位著名企业家的"荣耀"。

你的教鞭下有瓦特,你的冷眼里有牛顿,你的讥笑中有爱迪生。

几乎所有师范生都熟知陶行知这句话。但不少老师都只将它当作教育名言在文章里引用,而可能没有意识到,未来的瓦特、牛顿和爱迪生,的确就诞生于我们每天所面对的孩子中。

是呀,无论你是表扬,还是批评,或是陶行知所说的"冷眼"和"讥笑",你面前站着的这个孩子,你能知道10年、20年或30年以后,他有多少种可能吗?

有100种可能!

本书每一位主人公都用自己的人生证明了这一点。

二

本书写作的灵感，源于去年去乌克兰朝拜苏霍姆林斯基的帕夫雷什中学的途中。当时我、杨东平、程红兵等一行人在慕尼黑机场转机，在机场咖啡店闲聊时，我跟大家说起我以前的许多学生的故事，颇多感慨："不少孩子当年的学习与表现，和几十年后的人生往往没有我们想象或期待的那种必然联系。"杨东平老师便说："你不是写过一本《教育的100种语言》吗？你还可以写一本《教育的100种可能》啊！"我当即说："好，我一定写。我要用我学生的故事告诉老师和家长们，教育有100种可能。"

教育的100种可能，是源于孩子的100种可能。在这里，孩子的100种可能，指的是教育者现在无法预测的100种未来。

当然，这里的"100种可能"不是确数，而是一个形象的说法，意为"无数种可能"。因此，所谓"教育的100种可能"，其实就是"教育的无数种可能"。

既然是"无数种可能"，就远远不只是成为著名火锅品牌创始人的可能，更不仅仅是成为瓦特、牛顿和爱迪生的可能，更多的是成为善良、正直、勤劳、智慧的普通劳动者的可能。

换句话说，我们尊重眼前的这个孩子，不是因为他"很可能"将来成为杰出人物，而是因为无论现在还是将来，他都是一个有尊严、有个性、有着丰富内心和独立思想的"人"。

我的朋友、上海市著名语文特级教师李海林说过："可能性即人生的意义，即人的成长。成长本身即教育的意义。教育就是一批专门的人陪伴未成年人安全地度过他的未成年岁月，直至成年！"

只有我们以这样的眼光，来看待我们面前的每一个孩子，教育才会回归起点，回归纯粹，回归人的本质。

三

"十年树木，百年树人。"这句话的意思是，教育的成效往往要在几十年以后才能显现出来。但目前急功近利的教育大背景下，许多教育者往往"等不及"，他们更希望能够立刻"吹糠见米"。

我想起2011年11月13日，中央电视台《小崔说事》播出了关于我和我学生的故事。节目中，我的学生王露霖应崔永元的请求，唱了我们的班歌《唱着歌儿向未来》："蓝天高，雁飞来，青青松树排成排。我们携手又并肩，唱着歌儿向未来……"这是30年前，著名作曲家谷建芬老师特意为我的未来班谱的班歌。我的历届学生都唱这首歌。

节目播出后，我的博客上出现了这样一段留言——

我是李镇西老师84届未来班的一员，昨日含泪看完了《小崔说事》，未来班的班歌还在传唱，未来班的精神还在发扬。这是老师给我们的精神财富。记得当时毕业时有同学问李老师："你这样培养出来的我们能不能适应社会？"现在我以我的经历现身回答：是的，我是适应社会的，而且如同老师所希望的那样——正直、勤奋、向上。我做到了。

我读了这段留言，泪水立刻蓄满了眼眶，因为"正直""勤奋"正是未来班当年的班训。我想到了当年不少人的担心和他们对我的"提醒"。后来我知道了这段留言的作者叫"李志英"，是我教的第一个班的一位女生。李志英当时在班上就正直善良，后来曾经教过中专，现在在广州工作，从事财务工作。去年12月，我去广州讲学，把她请到现场听我的报告，我在报告中讲了她的故事，也展示了她当年写的班歌歌词的手稿。我对所有听报告的老师说到了当年有人对我善良教育的担心，我自豪地说："现在，我的学生已经长大，他们以自己的人生阅历证明了善良的生命力是不可战胜的！"

这样的普通劳动者，你能说不是教育的成功吗？

四

如果说，孩子的"100种可能"是指他未来独一无二的人生道路和幸福，那么，教育的"100种可能"，就是指教育者根据不同个性的孩子而采用不同的课程与教法，对孩子的"因材施教"也有100种可能，即无数种可能。

"因材施教"喊了两千多年了，可我们今天的教育依然把所有学生都往应试教育一条路上赶，通过了的是成功者，被淘汰的是失败者。然后，几十年后再看，当年"应试教育"给不同学生贴上的"学霸"或"学渣"的标签已经在人生的风浪中斑驳不堪，模糊不清。清华、北大未必与成功相关，职高、技校未必与幸福无缘。

请看本书中我同时教的两个学生——考上重点大学、后来成了"中国机长"的飞行员吴镝，与初一便因为学习跟不上而转学去踢球、如今成了四川省足协教练的张凌，你能说谁比谁更"成功"呢？在人生的天平上，他俩是等值的。

我没有因此否认考大学的重要性，毫无疑问，能够考上大学无疑为后来的人生发展提供了更有利的条件，而没考上大学会使后来的人生之路更加绕一些，但从长远看，如果教育（包括家庭教育和自我教育）能够因人而异甚至"私人订制"，那么单纯"应试教育"所造成的人与人之间的发展差异就会越小，乃至消失。

我再次想到苏霍姆林斯基的话——

教育的实质就在于使一个人努力在某件事件上表现自己，表现出自己的优点来。在某种好的东西中来认识自己——善于支持人的这种高尚的志向是多么重要啊！教育者往往在那么长久而痛苦地寻找的那种自我教育的强大推动力，不是就在这里吗？应当在心理学讨论会上提出这个问题：人的表现问题。……怎样才能做到，使人尽量地努力在好的方面表现自己呢？我深信，一个人想在某个好的方面表现自己的愿望越深刻、越诚挚，他在内心对自我纪律的要求就越高，他对自己身上不好的东西就越加不肯妥协。

是的，"使一个人努力在某件事件上表现自己，表现出自己的优点来"，这就是真正的教育。

五

已故著名小学特级教师霍懋征有一句话，朴实而感人："每一个孩子都是我的骄傲！"这句话意味着，教师爱孩子爱的是这个孩子本身，而不是爱他几年后可能有的名牌大学通知书、高考状元的"荣耀"或几十年后院士、部长等"头衔"和"光环"。每一个孩子都有属于自己的未来，更多的是普通劳动者，这依然是教师的骄傲。

我当然为我学生中赫赫有名的精英人才骄傲，但同时也为默默无闻的平凡百姓自豪。我认为，这才是教师应有的"骄傲观"。尤其是在当今十分功利也十分势利的社会背景下，我们千万不要把教育的目标仅仅锁定在培养"高端人才"，而应该把培养数以千万计的社会主义合格建设者、可靠接班人和完整公民作为我们的神圣使命。

很遗憾，我们现在的教育很多时候还是培养"人上人"的教育。"吃得苦中苦，方为人上人"是相当多的家长和老师对孩子的"励志名言"。然而，近百年前，陶行知就已经把这句话批得体无完肤了。他说——

既不做人上人也不做人下人，而要做"人中人"，要把自己所学得的东西贡献给老百姓。

在《育才学校创办旨趣》中，先生明确地说——

有人误会以为我们要在这里造就一些人出来升官发财，跨在他人之上。这是不对的。我们的孩子都从老百姓中来，他们还是要回到老百姓中去，以他们所学得的东西贡献给老百姓。

如果我们能够摒弃"人上人"的教育成功观，而将所有能够"回到老百姓中去，以他们所学得的东西贡献给老百姓"的学生都视为教育的成果，中国的教育才算是真正走上了正轨。

六

在本书中我写了从 80 年代初我大学毕业所带第一个班,到我退休前教的最后一个班的 36 个学生的人生轨迹。他们中有教师、医生、空姐、飞行员、艺术家、科研工作者、公交车司机、火锅店老板、银行职员、足球教练、摇滚歌手……我希望通过他们的故事,能够让包括家长在内的所有教育者真正明白:每一个孩子都有着属于他个性的成长和成功。

无论是《爱心与教育》,还是《心灵写诗》,在已经出版的几十本书中,我已经写过许多让读者感动的学生故事。但是这本书中的学生故事和以往不一样。同样也有师生情感,也有教育技巧,但我试图超越师生情感和教育技巧,而深入到学生的内心,展示他们的精神成长;不仅如此,我还写了他们离开我后 10 多年、20 多年、30 多年的人生经历,以展示他们的人生与当年教育的关系。

我在写每一个学生的时候,除了要看我当年教这个孩子时留下的相关记录——孩子的作文、作业,我的工作笔记、教育随笔和教育日记等,还要求这个孩子写写他现在对教育的理解,包括自己教育孩子的感受。因此,我当年的"教育"、学生回忆中的"教育"、他们现在理解的"教育"、他们对子女的"教育"……这几种"教育"的重叠与交织,特别是学生谈教育,包括对我当年教育的解剖,我自认为是本书最有价值的内容。

七

不可否认,本书中的学生对我当年给他们的教育都是充满真诚感激的,但他们也没有简单赞美,而是对当年李老师的教育有着理性的思考。比如现在成为美国博士后研究人员的付锐,他在写给我的信中,先描述了我当年的教育对少年的他是怎样的一种征服——

李老师那么真诚而富有激情,自然而然地展示出他的渊博的知识和热情。在这个氛围下，很容易把自己融入到班级大家庭中。班会课真的是一种享受，因为李老师总是会用很生动和热情的语言，把一个理念讲得通俗易懂。在有一个强有力而且又特别会调动集体情绪的领导下，所有的同学都成为了信徒。我们很坚信李老师的理念，也愿意去感受并且实践。

但同时，他又以今天的目光审视李老师昨天的课堂——

不管是在语文课还是班会课上，每个同学都沉浸在李老师的内心世界里。所有的同学作为一个有相同诉求的集体——希望能学习并且成为一个更好的人——开始没有任何批判性地吸收所有的观点。现在来看，如果老师一直处在向学生播撒自己的观点，不管深刻与否，不论正确与否，都有可能让学生的思想变懒惰，失去客观判断和批判的能力。当思维变懒惰的时候，学生就不想动脑筋了，就失去了主动发现问题的动力。

应该说，付锐是深刻的。

八

其实，几十年来，我也一直在不断反思，不断探索，不断批判自己，不断超越自己。我其实很多时候还是有意识地以民主、平等、自由、尊重的情怀对待我的语文课、班会课以及每一次和孩子的通信与谈心，但由于固有观念的惯性和文化传统的影响，往往情不自禁就走向民主教育的反面。"教育使命"无限膨胀，"个人魅力"无限增强，渐渐妨碍了学生的心灵自由，乃至剥夺了他们的思想权利。

因此，如何在教育中处理好"尊重与引领"的关系？具体说，如何做到既不因尊重学生而丧失教育的使命，又不因引领成长而走向思想专制？这既标志着我们教育思想的高度，也体现着我们教育智慧的丰富与教育技巧的娴熟。直到退休，我的教育依然充满遗憾。这个课题，留给以后的教育者继续在实践中去探索吧！

九

本书的每一个孩子都是我的骄傲，但我不得不再次声明，他们主要不是我"培养"的，不能简单地把他们当成我的"教育成果"。

我越来越认为，决定一个人成长和成功的因素以重要程度排序，第一是家庭，第二是个人，第三是学校。所谓"家庭"指的是父母的素养（与文凭没有必然联系）和对子女的影响，包括家庭氛围的熏陶；所谓"个人"，是指本人的天赋与勤奋；所谓"学校"指的是教师的指点、集体的激励和校园文化的感染。我写过一篇文章，题目是《学校非常重要，但无论多么重要都只是家庭教育的重要补充》。我没有否认学校教育的重要性，但这个重要性远不是我们想象和宣传的那么离谱。

所以，无论我的学生考上清华大学也好，成了眼科专家也好，当了足球教练也好……首先都不是我的功劳，而是他们父母教育和孩子本身努力的结果。他们在我身边时，我只是给他们一些尊重，一些引领，可能强化了他们本来就有的善良，可能打开了他们原本相对比较狭隘的视野……总之，我可能没有太妨碍他们天性的自由发展，于是他们便成长起来了。

所以，教育真正要做的，与其说是尽量"塑造"学生，不如说是尽量不要妨碍学生。依从个性，给他自由，学生的成长会超出教育者的想象。

十

苏霍姆林斯基曾说——

一个人一生命运的复杂性，有时也是悲剧性就在于：虽然"草稿"里蕴藏着成为一个独特的个人的各种素质——卓越的才能、禀赋、倾向性、天才——但是负责对这一"草稿"进行加工，以便使其变得更为美好的人，却反其道而行之，他用自己那双笨拙而又漫不经心的手把草图中美好的东西弄得丑陋不堪。

无论是家长还是老师，我们千万不要成为这样的人。

教育的责任、智慧与人道主义情怀的体现，就是教育者（含教师和家长）对每一个孩子的"草稿"进行精心的加工，使之既拥有完整的人格，又有属于自己独特的成功与幸福。

最后，我想用苏霍姆林斯基曾对教育同行提出的忠告，作为这篇自序的结束——

请记住，远不是你所有的学生都会成为工程师、医生、科学家和艺术家，可是所有的人都要成为父亲和母亲、丈夫和妻子。假如学校按照重要程度提出一项教育任务的话，那么放在首位的是培养人，培养丈夫、妻子、母亲、父亲，而放在第二位的，才是培养未来的工程师或医生。

2020 年 4 月 10 日

用一生的时间去寻找那个让自己惊讶的"我"

——《自己培养自己》序

这本书汇集了有关年轻教师成长的随笔。当然不敢说每一个观点都绝对正确,但我可以问心无愧地说,每一个字都是我从心里流淌出来的,因为我所说的都是我自己成长的切身感受。

说到人的成长,我们总喜欢说是"领导的培养"。如果这里的"培养"指的是热情鼓励、真诚批评、提供平台、创造机会……那么,这"鼓励""批评""平台""机会"对每一个人都是一样的,但最后并非每一个人都成长起来了。就像这地球上的空气、阳光和水无处不在,但并不是每一颗种子都能发芽,每一朵花儿都能结果。所以,成长与否全在自身。也正是从这个意义上,我说每一个教师的成长,都是自己培养自己的结果。

所谓"自己培养自己"倒不是——或者说,至少不完全是——为了达到某一些外在功利目标:"教坛新秀""市优青""学科带头人""特级教师",等等。这些东西作为意外的收获,我们当然也可以坦然接受。但我说了,这只是"意外的收获",并非我们的初衷。那么"初衷"是什么?我想,就是通过职业除了获得相对比较体面的物质生活条件,更赢得精神上的价值实现感。或者,干脆通俗一点说,就是获得一种源于人性的成就感和尊严感。再说得更加"大白话"一些,就是为了在我们离开这个世界的时候,觉得自己"这一辈子没白活,值啦!"

当然不是一开始就想那么远,而是在人生的路途上,一步步走着便不断地想再往前走一步，再走一步，看自己究竟能够走多远。

写到这里，我想到十年前我刚做校长不久和年轻的数学教师唐真的一次谈话——

我问他："你觉得你有没有理想和志向？"

他说："我没有明确想过要达到什么目标，但我总是告诉自己，每一天都不能重复昨天！"

我说："非常好！永远不满足于现在。你可以用自己的每一天乃至一生来实验：我的教育究竟可以做到怎样的高度？"

十年过去了，现在唐真已经是一名很优秀的老师了，但他还在继续"实验"自己：我的教育究竟可以做到怎样的高度？

我又不禁想到了我的年轻时代。作为中国77级大学生，我是1982年春天毕业参加工作的。由于我的单纯和热情，当然加上有一点小聪明，所带的第一个班就让我"小有名气"：由谷建芬老师谱写班歌的"未来班"的事迹上了1984年7月的《中国青年报》，一些报纸跟我约稿，还有杂志给我开专栏，有学校开始找我去作报告……总之，在一些人眼中，我俨然是一名"教坛新秀"了——虽然那时还没有这样的"荣誉称号"。当时二十几岁的我，如果止步不前，再学会点"处世智慧"，我也会过得不错的。但我问自己：我还能不能再往前走一步？

于是，我大胆地审视自己的教育，甚至以批判的眼光审视整个中国教育（当然，这和80年代自由的学术风气有关），结合自己的教育实践，写下了包括后来发表在《中国青年报》的《沉重的思考》等一些有分量的教育文章，几乎每一篇都引起较大的反响和争议。所有的文章都指向"人"的心灵——青春期心理、个性与创造性……与此同时，我在语文教育和班级管理两个方面同时进行民主教育的探索。这样又过了十来年，我的教育获得了新的突破，不但在应试成绩方面达到了一个高峰——我的高95届一班创造了"高考神话"，而且在语文教育方面，我成了国内小有名气的"优秀青年语文教师"，在班主任管理方面也独树一帜……这一切的标志，便是拙著《爱心与教育》《走进心灵》《从批判走向建设——语文教育手记》《教育是心灵的艺术》等的出版，并获得多项国家级大奖。一时间，包括中央电视台在内的媒体对我进行采访报道，我一下子"出名"了，虽然当时我没有任何教育荣誉头衔。如果我到此止步，只要在工作中没有大的失误，仅仅凭《爱心与教育》这本不断重印的畅销书的版税，我都可以生活得很有滋味也不失品位。但我问自己：我还能再往前走一步吗？

于是，我在42岁那年报考了博士，重新开始了由早读、上课、晚自习构成的大学生校园生活。三年后，在付出每天早晨都能在寝室里看到满地落发的代价之后，我硬是以"优秀"等级的毕业论文获得了博士学位。回到成都，市教育局安排我进了成都市教科所，并专门为我设立了"成都市教育发展研究室"，由我担任主任。而且我还很顺利地评上了特级教师。如果我就此止步，我会成为一个经常"下基层"到学校去"视察""指导"的"专家"，没有了课堂教学，没有了班级管理，没有了应试任务，没有了升学压力，我可以很清闲很悠闲同时也很体面并受人尊敬地度过我余下的15年教育生涯。但我再次问自己：我还能再往前走一步吗？

于是，我多次给时任市教育局局长杨伟写信打电话，要求"回学校去"，上语文课，当班主任。我坚信，虽然还是上语文课和当班主任，但经过博士学习和深度思考研究的我，不可能重复自己，一定能够超越自己。果然，重返学校后我以更加自觉的民主情怀和人文眼光带班上课，我的教育、我的课堂完全刷新了我的过去。《与青春同行》《心灵写诗》《听李镇西老师讲课》《做最好的老师》等新一批教育畅销书，便是我"重返校园"后实践与思考的结晶。如果我继续留在教科所，是不可能有这些成果的。

2006年，我48岁，无论我如何"谦虚"，在别人的眼中，我都是所谓"全国著名"的这个那个。不再年轻的我，完全可以"退居二线"，当当这个"顾问"，那个"参谋"。总之完全没必要那么"拼"了。如果我真的从一线退下来，没人会说我什么。但我自己依然不满足，我问自己：我还能再往前走一步吗？

于是，我接受了武侯区教育局的任命，在一天中层干部都没当过的情况下，出任成都市武侯实验中学校长。这是一所地处城郊的涉农学校，88%的学生来自当地失地农民家庭和进城务工人员家庭。在这里搞教育，以世俗的"应试标准"看，简直就是难上加难。有人甚至认为我在"砸自己的牌子"。但我觉得这正是挑战我，更是激发我教育智慧的机会！这一干就是九年，九年过去了，当然还有不少遗憾，但这所学校发生了翻天覆地的变化，这是事实；一大批（当然不是"所有"）教师成长起来并享受着职业幸福，这是事实；我们的平民教育获得了社会的普遍认可，并得到国务院总理的高度评价，这是事实。

2015年7月4日，在学校的阶梯教室向老师们发表了告别演说之后，我卸下了校长职务。我也可以像有些"退居二线"的老同志一样，很轻松地当个挂名的"巡视员"。但我问自己：我还能不能往前再走一步？于是，我主动承担起了武侯区的新教育实验推广使命，将武侯区的新教育搞得红红火火，再后来我又出任全国新教育研究院院长，为中国的新教育实验继续效力……

明年我就退休了，但这只是从年龄意义上说的。其实对我来说，所谓"退休"只是一个职业手续，而教育本身是无所谓"退休"的。所以，前方还有什么精彩等着我，我不知道。但我知道的是，每一个"明天"都是一个值得我期待的"诱惑"……

35年就这么过去了。并非一直都顺风顺水，其间的艰辛、困苦、挫折、"打击"，还有种种所谓的"不公"，有时候甚至似乎山穷水尽、兵临绝境……一言难尽，但我从来没有停止过前进的脚步，因为我所做的一切都不是为了别人，而是为了自己。我既非党员，也非领导（我从来不认为当个校长就是"领导"了），我不用为别人"负责"，我只忠实于自己内心就可以了——干干净净地做人，简简单单地教书，多好！80年代我读到过一句话："内心的宁静可以抵御外在的任何风暴。"因此，"评价不公"也好，"环境恶劣"也罢，以及各种"恶语中伤""流言蜚语"，比起我执着的信念，一切微不足道。

20多年前，我在成都石室中学工作时，老校长王绍华先生曾经把我的成长经历概括为"4+1模式"——"四个不停"加"一片爱心"。所谓"四个不停",即不停地实践,不停地思考,不停地阅读,不停地写作;所谓"一片爱心",即爱教育,爱孩子。我接受王校长这个评价。我坚定不移地认为,任何人的成长,都是一种自觉选择、自我培养和自由发展。

当然不能说我今天就如何如何"功成名就",但和30多年前的那个大学毕业生相比,现在的"我"的确远远超越了当初的那个"我"。其他不说,就凭69本记录着我教育实践、教育思考、教育智慧与教育情感的著作(还不包括"主编"的书籍),就足以让1982年春天那个青涩而纯真的小伙子惊讶得目瞪口呆了!

从某种意义上说,所谓"自己培养自己",就是用一生的时间来寻找那个让自己惊讶的"我",而这个"寻找"的过程是没有止境的。

2017年4月13日晚

"掏出心来"

——《教师的解放与超越》序

南京师大附中校园里有一尊巴金的雕像,基座上镌刻着大作家写给母校的四个字:"掏出心来。"

猛一看这四个字,有点"血淋淋"的感觉。仔细一想,巴金是以此表达他对读者的真诚——如他在《随想录》中所说:"讲真话,把心交给读者。"

"讲真话"算什么?人不就应该讲真话吗?可有时候,讲真话是需要勇气,甚至冒风险的。

我哪敢和巴金相提并论?但我愿意学习先生"掏出心来"。

我的微信公众号"镇西茶馆"自2014年9月10日开通后,六年来每日一更,几乎没有中断——说"几乎",是因为2020年12月上旬我在南极考察没有网络,所以无法更新文章。那一周是唯一的例外。

我以自己纯净的心感受着这个世界,这个世界也时时带给我思考与感动。"情动于中而形于言",一篇篇文字便自然而然从心底流淌出来。于是,"镇西茶馆"的几十万关注者(俗称"粉丝")每天便都能喝到我沏好的一杯"清茶"。

谁也不敢保证自己所说所写绝对正确,我更不例外。由于水平与见识,以及某些客观原因,我的观点不一定中肯,甚至不一定正确,但都是我真实的想法和感受。

这当然并不意味着我只追求"真实"而放弃"正确",不,我愿意纠正我的错误。事实上，不止一次有读者直率地指出我文中的错误。对此，我真心感谢，并期待着读者继续指正。

即使我文章的观点是正确的，或者说站得住脚，也不是因为我多么"有思想"，而是因为我所说所写大多是常识。我不止一次说过，我从来就没有自己原创的"教育思想"，几十年来，我所做的一切，都是在践行古今中外教育家们的思想，最多是将其创造性地运用于我的班级管理和课堂教学。我并不因为我没有"首创"教育模式或"第一个提出"某个"教育理念"而自卑，相反，我觉得自己能够用几十年的时间将大师经典中的教育常识演绎成自己有声有色的教育故事，甚至可歌可泣的教育诗篇，是一件非常自豪的事。

从某种意义上说，本书中的每一篇文章也蕴含着"镇西茶馆"读者的一份功劳。正是几十万读者对我每天推文的期待、关注、点赞、批评、商榷、鼓励……让我有了源源不断的写作动力，也才有这一本薄薄的小书。

还是那句话：我不敢保证我每一句话都是对的，但我力求每一句话都是真的。不媚上，不迎合，不从众；言说常识，倾吐实话，抒发真情——是我一如既往的态度。只有这样，我才对得起我的每一位读者，对得起每天守候在电脑前或捧着手机期待"镇西茶馆"更新文章的每一位"茶客"！

面对远方的你们，我难以表达感激之情，唯有"掏出心来"。

2020 年 7 月 6 日

把爱好与职业融为一体的人是幸福的

——胡艳戏曲绘本《浣花笺》序

胡艳老师请我为她即将正式出版的戏曲绘本《浣花笺》写个序，这有点为难我。因为我不太懂，不，应该说是"太不懂"戏曲；但我懂她这个人，所以在这篇文字里，我就少谈戏曲，多谈胡艳吧！

说起胡艳，我有太多的话要说，因为酷爱戏曲的她，太富有"戏曲性"了，不，准确地说，是富有"喜剧性"。

她是我主持的"李镇西工作站"的成员，这个工作站类似于"工作室"，主要是一群年轻人和我一起共同学习，以求专业成长。虽然是自愿参加工作站，但第一次我就感到了她的"矜持"，远远地坐在下面，不冷不热地看着我。后来她自己说，她对"专家"是有逆反心理的。第一次听我的讲座，心里就非常不以为然，"早就被前任各种花样百出的会议培训磨炼得钢筋铁骨水火不侵了，对教育局搞的这些洗脑把戏不屑一顾"。

但毕竟胡艳是有着纯粹教育情怀的老师，很快她便被新教育理念中的一句话击中："我就是课程！"这的确是新教育实验的一个理念。"研发卓越课程"是新教育实验的十大行动之一。在许多老师看来，"研发卓越课程"是一个多么神圣而遥不可及的事啊！但新教育主张，每一个老师都是课程资源，从"研发"自己开始，完全可能"研发"出"卓越课程"。顺便还要解释一下，所谓"卓越课程"并不是说这个课程有多么"卓越"，而是指"使儿童走向卓越的课程"。

胡艳热爱、酷爱、痴爱戏曲艺术，这本来是她的个人爱好，但她把自己的爱好和新教育实验融为一体：不但其完美教室叫"朝天乐班"，连教室里墙报的栏目也一律以戏曲曲牌名字命名："步步娇""集贤宾""小桃红""行路难""满庭芳""赏花时""折桂令"……就这样，胡艳以戏曲为载体，把新教育做得有声有色，有滋有味，越做越好，影响越来越大。她带孩子到处唱戏，在新教育年会的开幕式上讲戏曲课程故事……这不，和她学生共同创作的戏曲绘本也即将正式出版。

这个绘本看似是简单的作品，打开来却很有内容。首先，绘本以昆曲形式展开，剧本由胡艳老师亲自创作，仿照明清传奇体式，取材自成都历史上的著名女诗人薛涛制作浣花笺的过程。因绘本内容有限，每一出只摘取了剧本中的片段曲词。绘画是班上的学生亲手绘制的，无论是主图还是后面的插画、戏曲表情，充分展示了"朝天乐班"娃娃们的艺术功底。另外，故事说明、定场诗、曲词都是由学生手工誊抄，全部原生态打造。为了让更多人了解昆曲艺术，胡艳老师还根据每一出的内容编录了一些相关的戏曲知识，深入浅出，很有可读性，既热闹，又有门道。

而胡艳老师做这一切，没有丝毫功利心，就是出于她个人的浓厚兴趣和爱好而已，可因为这爱好恰好和教育重合，她便成了越做教育越有幸福感的老师，虽然她现在依然"什么都没有"——我指的是高级职称、获奖证书、各级荣誉……在她身上，突出体现了我经常说的一句话："幸福比优秀更重要！"我还说过，一个人最幸福的，就是其爱好和职业是一回事。感谢胡艳老师以自己的教育为我这个观点增加了一个富有说服力的例证。

胡艳老师善良而正直，她不是那种擅长"拍马屁"的人，相反她还有一些知识分子的"清高"——其实是独立的尊严，但在工作站的"最后一课"上，她在讲台上特意送了我礼物———把颇具民族特色的纸扇。这是一把昆曲扇子。胡艳说："扇子上我抄了一首工尺谱上去，为了更美观，毛笔字是请多才多艺的赵老师帮写的，工尺和板眼是我自己打的。这是《邯郸梦·三醉》里的【红绣鞋】，写的是吕洞宾下凡度化众生，一路所见的人间境况。"当时，我非常感动。当初那么冷眼看我的她，现在却如此真诚地送我礼物。

我知道，与其说她感谢的是我，不如说她感谢的是新教育，是新教育卓越课程开放让她找到了教育幸福的源泉。

不，更准确地说，她感谢的是"成长"。虽然现在她和两年前相比，依然"两手空空"，没有什么"荣誉"拿得出手，工资卡上也没有增加一分钱，但她觉得自己的内心已经被成长的幸福塞得满满的，所以她特别欣赏也信服我的那句话："成长是最好的奖励！"一个老师如果不想成长，或者说他根本就不想当老师，那么有再多的"激励机制"都没用；相反，如果一个老师有着强烈的成长欲望，那任何人都无法阻挡其成功和崛起。

面对这本凝聚着胡艳和"朝天乐班"娃娃情感、智慧和心血的戏曲绘本，我感受到了他们的快乐与骄傲。遇到这样的老师，孩子们是快乐的；遇到了这样一群充满智慧、灵性的孩子，老师是骄傲的。因为把爱好与职业融为一体的人，一定是幸福的。

不过，我还是特别希望我们的教育评价，能够让幸福的老师同时也能"优秀"起来——我这里的"优秀"特指各种优秀的"名分"和"标志"。像胡艳这样的老师不在乎是否"优秀"，这是她的淡泊，可我们的教育评价制度不能亏待了千千万万这样的老师。

比如，在写这篇序言时，我甚至"功利"地想，但愿它正式出版后，能够在胡艳老师晋升职称时多加点分。

2019 年 7 月 19 日

致敬我们时代的新教育英雄

——《教育的幸福——我与新教育 20 年》序

  我曾对朱永新老师自豪地说:"我见证了新教育从思想到行动再到发展的全过程。"

  2000—2003 年,在朱永新老师身边读博的日子里,他思考并和我讨论得最多的问题是:什么样的教育是理想的教育?提出这个问题当然不是从抽象的理论出发的,而是有着鲜明的现实针对性。因为中国基础教育实在是弊端太多,他心疼孩子们在"应试教育"中所受的折磨,忧虑中国的未来是不是有足够的富有健全人格与创新精神的新一代公民。然而,朱永新老师不仅仅是问题的发现者和弊端的批判者,更是积极的建设者和执着的行动者。这就是他提出"新教育实验"最朴素最深刻也最有良知的初衷。

  那段时间,我亲眼见证了导师朱永新对教育的思考,见证了"新教育实验"在他心中的萌发,然后诉诸笔端,最后落地于一个又一个学校。尽管我们当时就坚信,新教育之火必将燃遍全国;但今天这样的燎原之势,还是超出了我当初的预料——

  截至 2019 年底,中国 31 个省市自治区的 5216 所实验学校、35 万老师和 530 万学生参与实验。其中 28% 在发达地区,20% 在深度贫困地区,42% 在农村地区。新教育实验先后召开 19 次全国新教育研讨会,共计 21500 多人参加。举办 11 次实验区会议,5000 多人参加。9 次新教育国际高峰论坛,7900 多人参加。6000 多场公益活动,800 多万人次的父母与孩子参与活动。

新教育人出版420多本著作，3种刊物，99期报纸。表彰榜样教师、卓越课程及完美教室等720多个，表彰新教育实验学校1000多所。全国重要媒体中央电视台、《人民日报》、《中国教育报》、《人民教育》等报道新教育实验300多次。

在中国这么一个人口大国，565万师生参加一项教育改革，似乎不算什么了不起的"规模"，但要知道，新教育实验是一项专家倡导并引领、一线教师自愿卷入的民间教育改革行动啊！没有任何国家教育行政的指令，却有如此众多的教育者自发参与，持续时间长达20年——而且还将继续"火"下去，这不能不说是一个奇景。

究竟是怎样的魔力，让千千万万教师、校长和局长痴迷新教育？

我们从这本《教育的幸福》中可以找到答案。那就是有真诚教育情怀的老师，都愿意过一种幸福完整的教育生活——这正是新教育实验的使命。但这里的"愿意"不是"等待"，而是"参与"——也就是说，我们立志用我们自己的实践创造一种不同于既折腾教师也折磨孩子的"应试教育"的新的教育生活，然后享受这种教育。

曾经有不少老师问我："为什么要搞新教育实验？"

回答这个问题之前先得问问，为什么要搞教育？

我多次想到台湾作家张晓风的一段话。张晓风一次送儿子上学，看着儿子渐行渐远的背影，她感慨万千。回到家中写下一篇文章《我交给你们一个孩子》，她这样写道："今天清晨，我交给你一个欢欣、诚实又颖悟的小男孩，多年以后，你将还我一个怎样的青年？"回答千千万万母亲这样的问题，才是我们教育的目的。也就是说，我们的教育就是为了千千万万的家长和他们的孩子。

搞新教育的目的也是这样。不是教育局发文件我们才搞，不是因为朱永新老师我们才搞，不是为了什么"国家级课题"才搞新教育，也不是为了学校"彰显特色""打造品牌""提升形象""扩大影响"……才搞新教育。我们搞新教育，就是为了我们的孩子的快乐，我们教师自己的幸福。又回到刚才我说过的那个命题——新教育的宗旨就是追求过一种幸福完整的教育生活。

这就是我们的教育初心。

20年过去了,我们完全可以自豪地罗列许多成果来证明新教育实验的成功,比如2015年获全国教育改革创新特别奖,2017年获江苏省基础教育优秀教学成果奖特等奖,2018年获国家基础教育优秀教学成果奖一等奖,2019年获第五届中国教育创新成果公益博览会最高奖"SERVE 奖"……

但这都不是新教育最重要的成果。新教育最值得夸耀的成果,是新教育实验学校的孩子们和老师们每天获得的成长和感到的幸福。关于孩子的成长和幸福,在千千万万的新教育实验学校是有许多案例和故事的,今天我是为教师的《教育的幸福》写序,所以着重谈教师的成长和幸福——其实,在我看来,教师的"成长"和"幸福"是一回事儿。

什么叫成长?成长就在每一天的行动中。现在一提到什么教育改革,我们往往只想到为了孩子,所谓"一切为了孩子",却忽略了教师。而新教育的抓手就是教师成长。成长即幸福。当绩效工资无法改变,工作环境无法改变,教育对象无法改变,我们唯一能够改变的是我们自己的精神状态——注意,这里没有一丝"逆来顺受"地"适应环境"的意思,而是通过改变自己而积极地提升教育的品质;同时,通过新教育,我们也体验到职业幸福,虽然很忙碌,可是很充实。唉声叹气是一天,喜笑颜开也是一天,究竟我们选择什么呢?当然是后者。

本书中每一篇文章的作者,无论是局长,还是校长,或是教师,都是通过新教育获得了职业幸福,并改变了自己的教育人生的教育者。他们用自己每天点点滴滴的教育实践,为自己的教育缔造了属于自己的传奇。尤其是每一位一线教师,他们平时都是默默无闻的教育者,但因为行动,他们有了收获;因为坚持,他们有了奇迹。千千万万这样的老师,就是我们时代的新教育英雄!

毫无疑问,新教育实验还将持续不断地向前发展。但朱老师和我都很冷静,我们没有不切实际地幻想在短时间内彻底革除中国教育的种种弊端,我们只是想,只要改变了一个校长就改变了一所学校,只要改变了一个教师就为一个班的孩子获得成长幸福提供了可能；我们也没有想过全国每一所新教育实验学校都做得非常真非常实——可能有一些实验学校会受浮躁之风的影响而有所应付，甚至也搞"形式主义"，但是在五千多所实验学校中哪怕有一半的学校在真做，我们就觉得了不起了。

所以我再说一遍，新教育实验没想过改变所有教师，我们只能改变我们能够改变的，我们只为愿意做幸福的老师提供帮助——让所有有情怀的教育者找到方向、拥有智慧、获得成长。

当越来越多的学校发生改变时，当越来越多的教师发生改变时，中国教育一定会发生令人欣喜的改变。

曾有记者问朱永新老师："新教育的彼岸是什么？"

朱老师回答说："我想，那应该是一群又一群长大的孩子，在他们身上我们可以清晰地看到，政治是有理想的，财富是有汗水的，科学是有人性的，享乐是有道德的。"

这是朱永新老师的向往，也是我们所有新教育人的憧憬。

除此之外，我们别无奢求。

2020 年 1 月 14 日

把种子交给岁月

——《智慧教育 幸福武侯》序

很多时候，我们在谈论教育的时候，说的往往是一些宏大的句式："办人民满意的教育""培养走向世界的现代中国人""做有温度的教育""打造学校品牌""彰显课程特色""扩大优质资源"……但是，恕我直言，在不少地方类似激动人心（其实时间长了，未必"激动人心"）的口号，往往只是醒目地镶嵌在教学楼墙上的"校园文化"的"标配"，而这些语句中本来蕴含的"人"并不见踪影。

我这里所说的"人"不是抽象的概念，而是每天在校园里迎面向我们展开的一张又一张笑脸，是每堂课上凝视着我们的一双又一双明亮的眼睛，是我们能够随口叫出名字的班上的一个又一个孩子："王小川""陈彤彤""李欣然""张远航"……

而新教育实验正是为了这一个个具体的"人"的教育。我们的十大行动无一不是为了造就每一个人——"书香校园"给孩子以丰盈而饱满的精神世界，"共写随笔"让孩子在反思中清醒地成长，"窗外声音"让孩子直接与大师巨匠对话，"卓越口才"为孩子与世界交往培养出色的能力，"理想课堂"赋予孩子一颗知识丰富、思维灵动的大脑，"完美教室"为孩子营造一个他们依恋的精神家园，"数码社区"让孩子在信息时代学会基于网络的学习、交往和生活，"每月一事"把一生有用的习惯融入孩子的日常生活，"卓越课程"为孩子走向未来的卓越打开一道道窗户，"家校合作"让学校和家庭共同呵护孩子的成长……只有在少年时拥有快乐而有收获的校园生活，他们的教育生活才真正是"幸福而完整"的。

但新教育实验所关注的人，显然不只是孩子，还包括教师和孩子父母在内的成人，尤其是每天陪伴着孩子成长的教师。新教育认为，有了教师的发展，才会有学生的成长。因此，首先让教师通过"专业阅读""专业写作""专业交往"赢得幸福而完整的教育生活，是让所有孩子快乐成长的前提。而"十大行动"本身也是教师专业成长的路径。以牺牲自己的幸福去"成就"学生的成才，是畸形的教育；新教育的使命，是让师生共同幸福，一道成长。

值得欣慰的是，武侯区有一批老师通过新教育实实在在地成长起来了：王兮、唐燕、蒋长玲、包虹婧、杨芳、王玉梅、卢晓燕、黄雪萍、陶雪梅、李承军、李霞、毛清慧……此刻，我随手打下这些名字（其实，远不止这些老师）时，我仿佛看到武侯区的教育园地上一片生机勃勃的雨后春笋！几年前，当毛清慧老师对我脱口而出"新教育对我最大的奖励，就是我的成长"时，我听到的是武侯区所有新教育人的心声。

当然，还有我们的新教育实验学校的校长：谢华、衡智蓉、黄成凤、付华、熊科琴、刘卫东、张华、李维、叶晓燕、王艳林、王利华、王季军、金艳……没有他们的校园深耕，就没有武侯区新教育的沃土，也就很难有一批新教育种子教师的茁壮成长。每月一次的区级新教育展示，都是一次新教育实验成果的集结，是新教育队伍的检阅，是武侯新教育人献给武侯区孩子及其家长的礼物。

本书的每一句话每一个字，都是我上述评论的注解。尽管我们区的新教育远没到达完美的境地，也不是每一所实验学校都令人满意，但毫无疑问，新教育实验已经并将继续改变教师的行走方式，改变学生的生存状态，改变学校的发展模式，改变教育的科研范式。

让我们继续上路——把收获交给行动，把奇迹交给坚持，把种子交给岁月……充满信心地去迎接属于孩子和教师的一个又一个庆典！

2020年12月2日于成都至北京的航班上

用教育编织生命的故事

——《故事里的教育智慧》序

在读本书中的故事时,我觉得是在读我的年轻时代。

20多年前,我也是石室中学的一名班主任。其实我当时已经不年轻,但因为一直和学生在一起,总感觉青春的气息从来没有远离自己。

那时,每天早晨很早来到学校带早读,然后看学生交上来的随笔、上课、备课、批改作文;中午找学生谈心,一点钟准时进教室给孩子们读小说;下午又继续备课或批改作文;放学后,和孩子们聊天(不是谈心)、打乒乓球或踢足球……很晚才回家,但心中总是充实而快乐的。

当然也有让我头疼的人和事。没关系,一切难题都是我的科研课题。青春期教育、后进生转化、班级民主管理、语文人格教育……甚至有一次为了找一个出走的孩子,我骑着自行车转了大半个蓉城,直到凌晨三点。但这一切,都成了我研究的素材,也成了我教育智慧的源泉。

我带的初2000届3班毕业时,我将我和学生们共同创作的故事汇集为一本班级史册,由四川少年儿童出版社公开出版(后来由光明日报出版社再版),书名叫《花开的声音》。在该书的序言中,我这样写道——

对我的学生来说,这是一座童心和青春的纪念碑;对我而言,则是我教育和人生的里程碑——这是一段生活的定格,一页历史的缩影,一种精神的凝固,一份情感的珍藏,一簇创新的火花,一道理想的光芒,一串记忆的珠宝，一束青春的花朵……

今天，读《故事里的教育智慧》，我又想到了这段话。

我离开石室中学已经多年，现已退休，但我欣慰地看到，更多的年轻班主任正在用青春和智慧续写我曾经写过的教育诗篇——

张长燕老师让班级名字长出了灵气，兰天老师让一个特殊孩子华丽转身，李挚老师在谈情说理中和孩子心心相印，罗朝军老师用一封父亲的信给了孩子一份惊喜和感动，奉柳老师用爱让成绩平平的小峰、小林、宇飞、瑞瑞、豪杰依然自信而阳光，邓彦玲老师用中华传统文化让孩子们在教室里走过春夏秋冬，常雅静老师和孩子们一起在奔跑中成长，汪绍鑫老师用一个手环敲开了孩子封闭的心门，王阳勋老师让内敛女生成长为给力班长，张烁老师让学生在戏剧中磨砺也成就自己的人生……

读这样的文字，就是在读老师们的故事；读这样的故事，就是在读老师们的教育；读这样的教育，就是在读老师们的成长；读老师们的成长，就是在读我们共同拥有的教育理想和情怀。

毋庸讳言，这一篇篇故事，就纯粹的文字表达而言，并不炉火纯青，相反有些青涩，有些稚嫩。但我恰恰从这青涩和稚嫩中读到了属于青春的单纯和源于理想的芬芳。尤其重要的是，年轻的作者们是爱教育的，是爱孩子的。教育，当然不能仅仅有爱，但没有爱绝对就没有了教育。

我为本书每一位作者对教育的真爱点赞！

我在石室中学工作时，王绍华校长曾经将我的成长经历概括为"4+1 模式"，即"四个不停"加"一片爱心"。具体说，就是不停地实践，不停地思考，不停地阅读，不停地写作；爱教育，爱孩子。

我完全接受老校长这个评价，因为我就是这样成长起来的。

现在，我看到石室中学的年轻教师也正在这样成长。

教育，越来越被专家们说得神乎其玄——这个"原则"那个"理念"，这个"密码"那个"奥秘"……我们在晕头转向的同时，感到了无地自容的惭愧。其实教育没那么复杂。

我说过，一个孩子，一个日子，一个故事，就是教育；呵护着每一个孩子，守望着每一个日子，编织着每一个故事，就是教育的全部。或者还可以更大白话地说，教育，就是带着孩子在每一个日子编织故事！

但是，以怎样的情怀带孩子？带着孩子怎样过日子？又编织怎样的故事？这体现了教师的境界，也彰显出教育的品质。

对此，本书作者以自己每一天平凡的行动，作了精彩的回答。

当然，严格地说，所谓"故事"并不是教师凭空编造的，而是读懂孩子本来就有的故事。

写到这里，我想到美国2009年的全国年度教师托尼·马伦获奖时的一段感言——

最优秀的教师有一个共同的品质：他们知道如何读懂故事。他们知道走进教室大门的每一个孩子都有一个独一无二、引人入胜，但却没有完成的故事。真正优秀的教师能够读懂孩子的故事，而且能够抓住不平常的机会帮助作者创作故事。真正优秀的教师知道如何把信心与成功写入故事中，他们知道如何编辑错误，他们希望帮助作者实现一个完美结局。

这里所说的"故事"，并不单指"事件"和"情节"，而是指孩子成长的过程；或者打个比喻形象一点说，这里所说的"孩子的故事"，指的是孩子生命的河流。

在生命的河流里，教师走进了孩子的故事。这个故事如河流一样不可逆转，而且每一天的风景都不可预知——或令人欣慰，或令人惊叹。故事的原创是孩子，但编辑是教师。如托尼·马伦所说，教师帮助孩子"把信心与成功写入故事中"，为孩子"编辑错误"，并"帮助作者实现一个完美结局"。

教育就是我们和孩子生命和生命的相遇，因此我们自然而然地进入了孩子的故事，和孩子一起创作，推动情节的发展，并期待着一个完美的结局。生命的交融、心灵的相通，让教师和孩子一起在生活的河流中奔涌、漂流、探险……

同时，教师还是这个故事的整理记录者——用文字留住孩子的成长，也留下自己的成长。教师所记载的故事，绝不仅仅是故事，里面还蕴含着教育的情感、思考、智慧与幸福。因此，这样的写作促使教师更快地成长。

编织故事，阅读故事，记录故事，流传故事……有故事的教育，就是成功的教育，因为这样的故事蕴含着多少令人怦然心动的智慧啊！有故事的人生就是幸福的人生，因为这样的人生充满着多少让人热泪盈眶的回忆啊！

这正是《故事里的教育智慧》的意义所在。

我祝福石室中学年轻的同行们，期待着你们创作出更美妙的教育故事。我由衷地向你们表示深深的敬意，并怀着这份敬意写下这篇真诚而朴素的文字。

2020 年 6 月 16 日

后 记

这是我几年的读书笔记。

我阅读有自己的习惯，在书上的批注不多，但喜欢勾勾画画；而且我习惯在读完一本书后写一些评论或感想的文字，以此消化书的内容。这些评论或感想当然不一定正确，但是我当时真实的心声。

有几篇文章是我拙著的自序，之所以也收录于本书，是因为这是一种特殊的阅读，即阅读自己。我一向认为，阅读他人，阅读社会，阅读自然，阅读自己，才是一个人一生完整的阅读。

关于读书，我有一个特点，就是完全凭兴趣而不管什么"专业"不"专业"。我当然读了许多和我职业相关的教育教学类的书，但更多的是文史方面的书。我一直主张，教师应该有尽可能广博的阅读，特别是要多读非专业的书。当然，我在这方面做得不够好，我也有自己相对被忽略的"阅读盲区"，比如当代外国文学、现代科技等方面的书，我就读得很少。

不少老师抱怨"实在没有时间阅读"，同时对我坚持阅读表示"钦佩"："不容易啊，李老师，你那么忙，当校长还当班主任，上语文课，还全国各地讲学，还要打理微信公众号'镇西茶馆'，可你依然坚持阅读，几十年如一日，这得有多么坚忍不拔的顽强毅力啊！"

我总是开玩笑说："几十年来，我还每天都坚持吃饭呢！"他们笑了，说："吃饭和读书不是一回事啊！"可对我来说，是一回事，都是我不可缺少的生活需要，不，应该是生命需要。

所以，只要把阅读当成像每天吃饭穿衣一样的必需，自然会养成习惯。如此，还需要以"顽强的毅力坚持"吗？

因为习惯，我的确几乎每天都在阅读。本书所汇集的便是我近年来的部分读书笔记，所思所感、臧否褒贬都带有我个人的特点或"偏见"，好在我相信读者是明智的成人，不至于"误导"谁。如果读者通过我的阅读能够扩大视野，丰富自己的阅读，我就心满意足了。

我已经有十多本小书忝列"大夏书系"，这是我的荣耀。真诚感谢华东师大出版社为拙著出版付出艰辛努力的所有编辑老师！

生命不息，阅读不止。我愿与一切阅读者共勉。

2021年3月9日晚

图书在版编目（CIP）数据

把好书化作自己的生命：李镇西读书笔记选 / 李镇西著.
—上海：华东师范大学出版社，2023
ISBN 978-7-5760-3749-4

I.①把… II.①李… III.①读书笔记—中国—现代 IV.① G792

中国国家版本馆 CIP 数据核字（2023）第 225374 号

大夏书系 | 阅读教育

把好书化作自己的生命——李镇西读书笔记选

著　　者	李镇西
策划编辑	李永梅
责任编辑	张思扬
责任校对	杨　坤
封面设计	奇文云海·设计顾问
出版发行	华东师范大学出版社
社　　址	上海市中山北路 3663 号　邮编 200062
网　　址	www.ecnupress.com.cn
电　　话	021-60821666　行政传真 021-62572105
客服电话	021-62865537
邮购电话	021-62869887
地　　址	上海市中山北路 3663 号华东师范大学校内先锋路口
网　　店	http://hdsdcbs.tmall.com/
印 刷 者	北京季蜂印刷有限公司
开　　本	700×1000　16 开
印　　张	16
字　　数	236 千字
版　　次	2023 年 12 月第一版
印　　次	2023 年 12 月第一次
印　　数	6 100
书　　号	ISBN 978-7-5760-3749-4
定　　价	62.00 元
出 版 人	王　焰

（如发现本版图书有印订质量问题，请寄回本社市场部调换或电话 021-62865537 联系）